Christian Scholz

Zehn pädagogische Federzeichnungen

entworfen vor, während und nach der allgemeinen deutschen Lehrerversammlung

in Mannheim

Christian Scholz

Zehn pädagogische Federzeichnungen
entworfen vor, während und nach der allgemeinen deutschen Lehrerversammlung in Mannheim

ISBN/EAN: 9783743373969

Hergestellt in Europa, USA, Kanada, Australien, Japan

Cover: Foto ©Paul-Georg Meister /pixelio.de

Manufactured and distributed by brebook publishing software (www.brebook.com)

Christian Scholz

Zehn pädagogische Federzeichnungen

Zehn
Pädagogische Federzeichnungen

entworfen

vor, während und nach

der allgemeinen

deutschen Lehrerversammlung in Mannheim

in der Pfingstwoche 1863

von

Chr. G. Scholz

in Breslau.

Zum Besten der Scholz-Jubiläums-Stiftung für Wittwen und Waisen schlesischer Lehrer evangel. und kath. Confession.

Breslau 1863.

Im Selbstverlage des Verfassers für 7½ Sgr., im Buchhandel durch Maruschke & Berendt für 12 Sgr. zu beziehen.

Pädagogische Federzeichnungen

entworfen

vor, während und nach der allgemeinen deutschen Lehrerversammlung in Mannheim

von

Chr. H. Scholz.

„Wem Gott will eine Gunst erweisen, den schickt er in die weite Welt." So tönten fort und fort in meinem Tongedächtnisse die wunderlieblichen Klänge des von einem Sängerbunde meisterlich vorgetragenen trefflichen Mendelssohn'schen Liedes während meiner Reise nach Mannheim, und immer wieder tauchen sie auf, seitdem ich von den reizenden Ufern des lieblichen Neckar und des an Natur-Schönheiten überreichen Rheinstromes zurückgekehrt und wieder inmitten der Hauptstadt meines Heimathlandes Schlesien zwischen den vier Wänden meiner Arbeitsstätte und in meinem Arbeitsfelde — unter der muntern Jugend lebe und wirke. In der Tiefe meines Herzens empfinde ich die in dem oben erwähnten Liede bezeichnete höhere Gunst, die mir Gott erwiesen hat. Kaum vermag ich dem Danke Worte zu verleihen, daß mir in meinen Jahren noch so viel des Herrlichen in Stadt und Land, in Wald und Flur, in Wies' und Feld, im großen Kreise theurer Berufsgenossen, wie im engern Zirkel lieber Freunde zu sehen und zu hören vergönnt war. Fast ein ganzes Jahr hindurch schwelgte ich in den Erinnerungen der geistigen Genüsse, die mir in der Pfingstwoche des vorigen Jahres in Gera geboten worden waren. Mit Sehnsucht blickte ich auf den Zeitpunkt hin, der mich zu einer neuen, ähnlichen Quelle der Erfrischung des Geistes und Herzens führen sollte. Die vorangegangene erfreuliche Nachricht, daß ich an derselben nicht allein die vorjährigen pädagogischen

Notabilitäten, sondern auch noch viele andere ehrenwerthe Schulmänner von Ruf antreffen würde, übte eine Zugkraft aus, der ich, je näher der Tag der Abreise heranrückte, nicht Widerstand zu leisten vermochte. Bestärkt wurde ich in meinem Vorhaben durch meine treue strebsame, wissensdurstige und reiselustige Lebensgefährtin, welche sehnlichst wünschte, die Bereicherung ihres wissenschaftlichen und pädagogischen Erkenntnißgebietes und Strebezieles, für das sie im vorigen Jahre in Gera eine so erkleckliche Ausbeute gewonnen hatte, fortzusetzen. Unsere Vorfreude, daß wir neben den Natur- und Kunstgenüssen mit einem vollgedrückt und gerütteltem Maße eingesammelter Geistesschätze neu begeistigt in unsern Jugendgarten zurückkehren und hier zum Nutzen derselben mit den Spenden eingesammelter Geistesschätze nicht kargen wollten, half uns über die Bedenklichkeiten hinweg, die eine so weite, mit Anstrengung verbundene Reise hervorrief. Mit Gott vertrauten wir uns der Schienenstraße an, eilten von Station zu Station, gelangten glücklich ans Ziel und kehrten nach einem zwölftägigen Reiseleben wohlbehalten wieder heim, nicht nur von keinerlei Unfall heimgesucht, sondern auch nicht von Gottes reichem Segen entblößt.

Es ist ein hoher Genuß, in solchen Erinnerungen zu leben, in stillen Stunden Alles noch einmal in der Seele vorübergehen zu lassen und sich so schöner Nachempfindungen zu erfreuen. Wenn ich mich entschließe, diesen Erinnerungen Worte zu geben und die Feder das Erlebte erzählen zu lassen; so geschieht es weniger aus Schreibseligkeit, als vielmehr in Folge des Wunsches, der gegen mich auf der Reise von vielen geachteten Collegen laut geworden, nämlich: „meine Erlebnisse in Mannheim" in einem ähnlichen Kleide der Oeffentlichkeit übergeben zu wollen, wie das in meinen „vier Tagen eines Lehrerlebens auf der Geraer Lehrerversammlung" geschehen ist, die, wie man mir unaufgefordert versichert hat, gern gelesen worden sind. Immer gern bereit, Andern eine Freude zu machen, will ich mir selbst die Freude, meine Freunde mit meiner geringen Gabe zu erfreuen, nicht versagen. Ich rechne bei dieser Darreichung auf die Nachsicht derjenigen, die meine „pädagogischen Federzeichnungen" des Anblicks für würdig erachten und in den Bildern weder Karrikaturen noch Karrikaturartiges finden.

1. Die erste Federzeichnung

wird der mir gestellten Aufgabe wol nicht entsprechen, denn ich werde weniger ein pädagogisches als vielmehr ein geographisch-historisches Reisebild liefern. Wer einen Weg von Breslau bis nach Mannheim in vorgeschriebenen Kreuz und Querbahnen zurücklegt, und jene herrliche Gegenden und Ortschaften berührt, die nicht blos für das Auge eines

Touristen geschaffen sind, sondern auch ein gesundes Pädagogen-Auge interessiren, fesseln und ergötzen: dem wird wol die Freiheit gestattet sein, von dem Gesehenen und Gedachten eine Zeichnung, wenn auch nur in Umrissen, zu fertigen.

Bei Nacht sind nicht nur alle Katzen, wie uns das Sprichwort sagt, schwarz, sondern auch die lieblichsten Gegenden und die interessantesten Ortschaften, selbst in der anmuthigsten Jahreszeit. Die eigensinnige Locomotive fragt den Reisenden nicht, was und wieviel derselbe sehen, wie lange er hie oder da weilen wolle und ob sie langsam oder schnell ihren Weg zurücklegen solle; sondern macht kurzen Prozeß, indem sie dem Sehlustigen und Wißbegierigen es freistellt, bei der nächsten Station auf Schusters Rappen weiter reisen zu wollen. Für eine solche Reiseart verspürten wir jedoch keine Lust; daher kam es, daß wir in Dresden nach der Zeit von 9½ Uhr Abends am folgenden Tage um 3 Uhr des Morgens, da es am Horizonte nach dämmerte, anlangten. Unsere Unbedachtsamkeit resp. Unbekanntschaft mit der Lokalität kostete uns einen Morgengruß des Droschkenmannes, der uns für die kaum zwei Minuten dauernde Uebersiedelung auf den Leipziger Bahnhof zwanzig Neugroschen abforderte. Unsere lang gezogenen Gesichter wurden aber bald in ihre natürliche Form versetzt, als wir uns der Belehrung eines freundlichen Dienstmannes zuwendeten, der da äußerte: „es scheine dies allerdings eine Prellerei zu sein, aber die Droschke habe bei Nachtzügen das Recht zu dieser Forderung." Diese Mittheilung gebe ich für Solche, die fremd mit der Einrichtung, sich auf dem kurzem Wege zum Leipziger Bahnhofe zur Fortschaffung des Reisegepäckes eines Dienstmannes für den vierten Theil jener Kosten bedienen wollen. — Die Bahnstrecke von Dresden über Leipzig, Weißenfels, Naumburg, Weimar, Erfurt und Gotha bis nach Eisenach, dem Zielorte unserer Tagesreise, legten wir in der heitersten Stimmung zurück; der Schulstaub war ja abgeschüttelt und an Ueberraschungen der angenehmsten Art litten wir keinen Mangel. Schon in Leipzig wurden wir von einer liebenswürdigen Persönlichkeit aus Gera begrüßt, die von der Liebe mächtig dahin gezogen wurde; in Weißenfels empfing uns ein lieber Freund ebenfalls aus Gera, der uns bis Eisenach begleitete; in Gotha erblickten wir unseren theuern Dr. Schmidt auf dem Perron, der mit der Reisetasche in der Hand, im Begriff war, über Eisenach nach Frankfurt zu reisen. Nach herzlicher Umarmung folgte er uns in unser Coupé, und so war denn eine kleine Gesellschaft gleichgestimmter Seelen beisammen, die sich in solcher Beredsamkeit ergingen, wie die vom heiligen Geist erfüllten Apostel zu Jerusalem am Pfingstfeste Nicht nur der Mund redete, mehr noch der Liebe Blick und der Hände Druck. Zu schnell rannte die Locomotive, zu kurz erschien der Weg, das bewies der einstimmige Ruf: „schon in Eisenach!" Mit

1*

einem herzlichen „Aufwiedersehen in Frankfurt oder Mannheim!" trennte sich Schmidt von uns. Und indem ich dem Scheidenden im Coupé nachblickte und mich umwendete, sah ich vor mir eine treue Seele in leiblicher Gestalt, eine ehemalige Schülerin meines Seminars, die dem Zug der Liebe hierher gefolgt war und unserer sehnsüchtig harrte. Ueber zwei Jahre hatte sie, die ich zu den Perlen meines Lehrerinnen-Seminars zähle, zuerst in die Schweiz einen jahrelangen pädagogischen Ausflug gemacht, und war nach Bereicherungen in Sprache und Wissenschaften in ihr Heimathland Thüringen (Schnepfenthal war die Bildungsstätte ihres Kindheitslebens) zurückgekehrt, wo sie in Eisenach als Erzieherin einen ihr Herz ganz befriedigenden und ihrer Individualität entsprechenden Wirkungskreis in dem angesehenen Hause des Herrn von Eichel gefunden. O wie schön, wie ermunternd, wie beglückend ist das Bewußtsein für das Herz eines Lehrergreises, daß liebevolle Herzen ihm in der Nähe und Ferne entgegen schlagen, und daß die Anhänglichkeit der Schüler und Schülerinnen weder durch Raum, noch durch Zeit, noch durch die Stellung abgekühlt wird. Solche Erfahrungen erfrischen und werden nicht durch Silber und Gold aufgewogen. Die treue E. B. widmete sich uns ganz mit ihrem Sein und Wesen, begleitete uns in den prachtvollen Park des Herrn v. E. und führte uns an die Stellen entzückender Naturschönheiten. Wahrlich, in diesem Park, wo die Kunst die Natur nicht verkünstelt, sondern ihre Reize erhöht hat, wird ein empfängliches Gemüth von göttlichem Geiste, von Gottes heiligen Nähe ergriffen und durchdrungen. Mehr als ein: „O wie schön, wie herrlich, wie göttlich!" vermag die Sprache nicht auszudrücken. In schweigender Bewunderung stand die Fünfzahl vor der Mannigfaltigkeit der Schönheiten. —

Eine Wanderung durch einen Theil der Stadt auf eine der vom Eichel'schen Parke entgegengesetzten Anhöhe, wo eine Sommer-Villa uns einen Blick auf die vor uns liegende Stadt gewährte, erneuerte alle Erinnerungen und erweckte in mir neue, erhebende Gefühle. Der Gedanke, ich sei in Eisenach, dieser Stadt in dem ebenso schönen, als berühmten Thüringerwalde, von dem ich als Lehrer der Geographie ehemals meinen Schülern das mittheilte, was die Lehrbücher darüber enthielten, versetzte mich in die Vergangenheit meines interessanten Lehrerlebens. Hier sah ich nun in Wirklichkeit, was ich in den Büchern gesehen und gelesen und fühlte mich in nicht geringem Grade gehoben. Knüpfen sich nicht an den Ort interessante historische Merkwürdigkeiten nicht nur der ältesten und mittlern, sondern auch der allerneusten Zeit? — „Tagten" nicht hier wichtige, einflußreiche Versammlungen culturhistorischer Art? Wollten nicht hier lichtscheue Berufsgenossen in derselben Pfingstwoche ihr Licht leuchten lassen und dem brennenden Kerzenlicht, das in Mannheim auf dem daselbst errichteten Schulaltar leuchten sollte, die Leuchtkraft entziehen? O liebe Berufsgenossen, die ihr uns in Eisenach paralysiren wollet, — nachten (sagte ein Spottvogel) — und die ihr euch herausnehmet, uns in Mannheim Tagende als dem „Antichrist" Verfallene, zu bezeichnen und öffentlich anzuklagen — verzeiht, daß ich euch als in das Lager des Antichrist Gerathene beklage; denn eure Demuth entspringt aus jenem euch wohlbekannten Pharisäismus, der, aller Liebe baar, nichts von der Liebe wissen mag, die sich in dem Gottmenschen Jesus personificirt hatte. Entweiht durch euer Vorhaben die Wartburg nicht, diesen heiligen Ort, in welchem der Mann des Lichtes, der Junker George, die Kerzen gegen den Antichrist*) goß, die in die Welt hineinleuchteten und in Deutschland einen neuen Schein verbreiteten! — O, wie gern hätte ich die Wartburg bestiegen, die Anstrengung in meinem Alter nicht geachtet, Luthers Wohnzimmer, die Kapelle, in welcher er oft gepredigt, und die Stelle des berühmten Dintenkleges in Augenschein genommen, wenn nicht durch einen starken andauernden Regenguß die Verhinderung eingetreten wäre. „Es sollte nicht sein!" Auch gut. — Daß mich das alte Bergschloß Wartburg an eine frühere Begebenheit, den berühmten „Sängerkrieg", der gegen Ende des 12. Jahrhunderts stattfand, erinnerte, der dem Richard Wagner zu seiner berühmten Oper: „Der Tannhäuser" den Gegenstand lieferte; daß ich mir hier den Gründer der Wartburg, Ludwig der Springer (1067) vergegenwärtigte, wie derselbe nach einer Sage durch einen kühnen Sprung von Giebichenstein in die unten vorbeifließende Saale aus der Gefangenschaft rettete und deßhalb den Beinamen erhielt; daß ich gern auch die nie zufrierende Nesse und den Hörsel, an der Eisenach liegt, gesehen, das schöne Bürgerschulhaus, den großherzoglichen Lust- und botanischen Garten, in der ehemaligen Karthause, das Schullehrer-Seminar, dessen Gebäude sich stattlich ausnahm, und noch manche andere Anstalt, Fabrik, woran Eisenach reich ist, wie auch die Kirchen gern besucht hätte, brauche ich nicht zu betheuern; es fehlte dazu an Zeit und auf der Rückreise, für welche wir uns die Besteigung der Wartburg aufbewahrt hatten, konnten wir leider Eisenach nur einen freundlichen Gruß und ein Lebewohl zurufen. Ich erwähne noch, daß Eisenach etwa so groß als Hirschberg in Schlesien ist und an 11—12 Tausend Einwohner hat. Auch erzählt man sich von einer tragischen Katastrophe, von welcher die Stadt am 1. September 1810 heimgesucht wurde, indem mehrere durchpassirende Pulverwagen mitten in der Stadt sich entzündeten, 54 Häuser gänzlich

---

*) Ich bitte, den Ausdruck nicht unrichtig auf irgend eine christliche Confession zu beziehen; sondern nur darunter den Widersacher des Christenthums zu verstehen, der „umhergehe wie ein brüllender Löwe und suche, welche er verschlinge."

zerstört und über 200 Menschen mehr oder weniger stark beschädigt wurden, 54 aber um's Leben kamen, manche auch in die Luft geschleudert worden waren und verstümmelt an den Bäumen hängen blieben oder auf den Dächern lagen. Am Vortage des heiligen Pfingstfestes Morgens 10 Uhr schieden wir von unsern Geraer Freunden, um uns nach Frankfurt bringen zu lassen. Welcher Umweg! In der Richtung nach Norden fuhren wir bis in die Nähe von Cassel, ohne diese interessante Stadt gesehen zu haben. Nach den vielbesprochenen, vielbeklagten Vorgängen in dem lieben Hessenlande spähte ich vergeblich nach den äußeren Spuren davon auf den Gesichtern der Leute oder nach einer gebeugten körperlichen Haltung. Die Menschen gebehrdeten sich aber hier gerade so, wie in andern Staaten, wo die politische und religiöse Atmosphäre das Athmen weniger erschwert. Selbst das alte Sprichwort von dem „blinden Hessen" fand ich nirgends bestätigt; weder leiblich noch weniger aber geistig „blinde Hessen" sind mir vorgekommen. Unser Waggon-Gesellschaft bestand größtentheils — wie aus ihren Auslassungen zu entnehmen war, aus Schulleuten, die außerordentlich geschäftig jeden Stationsort, deren es hier sehr viele gibt, jede fern oder naheliegende Ruine auf einer Anhöhe, an denen kein Mangel ist, jedes sich großartig ausnehmende Bergschloß in die Brieftasche eintrugen. Auch wir bewunderten den Reichthum der Mannigfaltigkeit sowol in der Natur als in den geschichtlich merkwürdigen Ueberresten; aber den Schienenweg zu verlassen, um den großen, sich allerdings prachtvoll ausnehmenden Dom Marburgs zu beschauen und deswegen später Frankfurt, wo Schmidt unserer harrte, zu erreichen: dafür fühlten wir keine Neigung, wie das bei mehreren Mitreisenden der Fall war. Unter diesen befanden sich auch zwei schlesische Schulmänner, die mir näher traten und in denen ich zu meiner Freude ein paar wissensdurstige, intelligente junge Männer und Collegen kennen und schätzen lernte, deren Reiseziel auch Mannheim war, wohin sie sich selbst deputirt hatten.

Nach einer zehnstündigen Fahrt (denn erst um 8 Uhr Abends) zogen wir in die berühmten Mauern Frankfurts ein. Wie lebhaft schlugen die Pulse bei der Vergegenwärtigung dieser Stätte der deutschen Bundesversammlung, des deutschen Parlaments (1848), der Wiege des deutschen Dichterfürsten Goethe, des Geburtsortes der deutschen Presse und vieler, vieler anderer Institutionen. Die Ermüdung war zu groß, als daß wir die Stadt in der prachtvollen Gasbeleuchtung, die der Tageshelle ähnlich war, hätten in Augenschein nehmen können. Wir zogen die Ruhe vor und beschlossen, am frühen Morgen zu beginnen, was wir am Abende unterlassen mußten. Gedacht, gethan! Es war heiliger Pfingsttag, das Fest des Geistes, des heiligen Geistes. Wir fühlten uns von demselben angeweht, und diese religiöse Stimmung erhöhte das Mark und Bein durchdringende eine Stunde lange Einläuten des heiligen Festes durch die Glocken aller Kirchen. Andächtig gestimmt traten wir in die geöffneten Gotteshäuser, hörten den sanften Choralgesang in der von Andächtigen angefüllten reformirten Kirche, der uns mächtig anzog, die gemüthansprechende Choral-Ausführung auf der Orgel in der herrlichen aus Quadersteinen gebauten Paulskirche, die in uns noch manch andere Erinnerungen erweckte und begaben uns dann auf jenen schönen großen mit Bäumen umpflanzten Platz, auf dessen einem Ende die prachtvolle Statue Goethe's unsere Bewunderung erregte, vor der wir längere Zeit sinnend weilten, am anderen Ende aber nicht minder die Erfinder der Buchdruckerschwärze und der Presse Guttenberg, Schöffer und Fust unsere Aufmerksamkeit fesselten.

Daß wir das Göthe-Haus wenigstens seinem Aeußeren nach zu sehen begehrten und dieses Bedürfniß zu befriedigen suchten, versteht sich von selbst. Ebenso hätten wir es uns nicht verzeihen können, wenn wir den „Römer" mit dem Kaisersaal unbeachtet gelassen hätten. Mit freundlichster Zuvorkommenheit wurde uns derselbe geöffnet. Von welchen erhabenen Gefühlen ergriffen, sahen wir uns von den herrlichen, lebensgroßen Gemälden der deutschen Kaiser umgeben, die so lebensfrisch auf uns herab zu blicken schienen, und an denen wir die wenngleich ideale, doch auch charakteristische Auffassung und Darstellung der Künstler nicht genug bewundern konnten. Wenn wir uns auch verhältnißmäßig nur kurze Zeit in diesem denkwürdigen Saale aufhalten konnten; so sind die Eindrücke doch so stark und tief gewesen, daß meinem Geiste jene Werke des Geistes noch frisch und lebendig vorschweben. Auch in den angrenzenden Saal, in welchem die deutschen Churfürsten die Kaiserwahl vornahmen, und in dem jetzt der Senat des Frankfurter Gebietes das Scepter der Freisinnigkeit schwingt, wurden wir geführt. Auf das Archiv, welches die „goldene Bulle" Kaiser Karl IV. bewahrt, wie auf viele merkwürdige Gebäude, wie z. B. in der großen Eschenheimer Gasse das Thurn- und Taxis'sche Palais, jetzt von dem Bundes-Präsidial-Gesandten bewohnt, und das Sitzungsgebäude der Bundesversammlung mit seinen 140 prächtig und geschmackvoll verzierten Gemächern u. s. w. u. s. w. leisteten wir gern Verzicht, um uns vor Uebersättigung zu hüten; denn wir könnten hier des Schönen, Guten und Herrlichen so viel gesehen haben, daß im Kopf dennoch Wüste und Leere entstanden wäre. Mäßigkeit ist auch in solchen Dingen zu empfehlen —

So war denn 11 Uhr Vormittag herangekommen; die Kirchen hatten sich geleert, aber die Straßen waren durch die Kirchgänger belebt worden. Unwillkürlich stellte sich bei mir der Gedanke ein, daß doch in Frankfurts Einwohnerschaft ein religiöser Sinn und Geist herrsche. Wir nahmen von der Bildung der Frankfurter ein schönes Bild in unsern Geist auf, und der Wunsch, einmal länger in diesem Gebiet leben zu können, regte sich nicht blos, sondern trat lebendig in mir auf. — Unsers Bleibens war nun nicht mehr in dieser lieben Stadt. Wir wollten am heiligen Tage schon den Zielort unserer Reise, Mannheim erreichen. Deswegen beeilten wir uns, um den Dampfwagen rechtzeitig besteigen zu können. Wie freuten wir uns auf den Odenwald und auf die berühmte Bergstraße, von der eine ganz andere, resp. schönere Vorstellung in mir lebte. Freilich ist eine befriedigende Anschauung vom Eisenbahnwagen selten maßgebend. Fußparthien würden die durch Wort und Schrift gerühmten Schönheiten bestätigen, wonach der Odenwald mit seiner Bergstraße zu den „schöneren Gegenden Deutschlands" gehören soll. Nach einer etwas langweiligen Fahrt erblickten wir einen durch seine Höhe vor andern Bergen sich auszeichnenden Berg. „Der Melibokus!" rief ein Reisegefährte; ein bekannter Name, dachte ich, habe ich meinen Schülern diesen Berg doch oft genug als den höchsten des Odenwaldes eingeprägt, der mir jedoch kaum so hoch als der Zobten in Schlesien zu sein schien. Schade, hörte ich von einem kundigen Mitreisenden, daß es dem „Malchen" — unter diesem Namen ist der Malibokus dort bekannt — an Wasser gebricht, überhaupt soll im Odenwalde nicht gerade Überfluß an Wasser anzutreffen sein. In Darmstadt wäre ich gern ausgestiegen, um dem wackeren Fölfing in seiner von Fröbel abweichenden „Kindergärtnerei" etwas abzulauschen, und der Redaction der in gutem Andenken stehenden „Darmstädter Schulzeitung," mit der ich in früheren Jahren in freundlichem Verkehr stand, und dem wackern Nachfolger des verdienstvollen Ober-Hofprediger Dr. Zimmermann, dem Gründer der „allmeinen Schulzeitung" einen Besuch abzustatten. Die Hoffnung, mein Verlangen in Mannheim gestillt zu finden, tröstete mich, und sie hatte mich nicht getäuscht. — Je näher uns Mannheim rückte, desto länger schien uns die Zeit werden zu wollen. Die vielen kürzeren Stationen, bei welchen uns die Namen, die fast alle sich auf „heim" endigten (Bensheim, Weinheim, Heppenheim u. a) auffielen, trugen dazu nicht wenig bei. Endlich sahen wir uns am Ziele, im „deutschen Hofe", einem der ersten und nobelsten Gasthöfe der Stadt — Nachmittag 3 Uhr. —

Wir säumten nicht, uns festlich zu kleiden — es war ja der heilige Pfingsttag — um uns etwas in dem originell gebauten Orte umzusehen und zu orientiren. Vergeblich sahen wir uns nach den Namen der Straßen um, entdecken aber nur die Nummern der Häuser. Dagegen fanden wir an den Eckhäusern große römische Buchstaben, und wenn nach einem bestimmten Gebäude z. B. nach der Trinitatiskirche oder nach dem Schulgebäude u. s. w. gefragt wurde, so beschied man uns geometrisch, wie z. B. „Gehen Sie Quadrat A entlang, wenden Sie sich am Ende desselben rechts nach Quadrat X ꝛc.' Mannheim besteht nämlich aus 175 großen Quadraten, die anderwärts wol auch „Viertel" heißen, so daß die Grundfläche der Stadt einem Schachbrett ähnlich ist. An Regelmäßigkeit im Bau mag sie von keiner andern deutschen Stadt, wie Touristen berichten, übertroffen werden. Und was Reinlichkeit und Sauberkeit des Straßenpflasters betrifft, so glaubt man in einem wohlgesäuberten und gedielten Zimmer zu wandeln. O, wie einladend rein war doch hier Alles, nicht nur die Atmosphäre, sondern auch die Trottoirs vor den Wohngebäuden und diese selbst innerlich nnd äußerlich. Düstre, winklige, von mephitischen Dünsten angefüllte Bezirke haben wir nicht angetroffen. Überall betraten wir angenehme Wege und Stege und begegneten freundlich entkommenden Personen. Auf unsern Kreuz- und Quergängen gelangten wir auf einen großen viereckigen Platz, auf dem uns eine Statue imponirte, die unsere Blicke auf sich zog: es war die Schillers. In Mannheims lichten Mauern kamen die großen Werke dieses großen, idealen deutschen Dichtergeistes: die Räuber, Kabale und Liebe, Fiesko, unter seiner Leitung zuerst zur Aufführung. Lebhaft traten die Erinnerungen an das getrübte Jünglingsleben des ehemaligen Karlsschülers, über welches uns in der jüngsten Zeit bei Gelegenheit der Säcularfeier Scherr, Ferd. Schmidt u. A. in so interressanter Weise in Kenntniß setzten. —

Von hier begaben wir uns in das „Lokal-Comité-Bureau" der allgemeinen deutschen Lehrerversammlung, um unsere Ankunft anzumelden, die Legitimationskarte vorzuzeigen und sonstige benöthigte Anweisungen, Verhaltungsmaßregeln und die Mitgliedsschleife in Empfang zu nehmen. Wir fanden in dem großen Schulgebäude die zahlreichen Büreau-Persönlichkeiten in voller Thätigkeit, wurden in freundlicher Weise beschieden und mit der schwarz-roth-goldnen Schleife geziert und gekennzeichnet. Auf unsern weitern Schritten trafen wir drei liebe Freunde aus Dresden, die Herren Schul-Direktoren Berthelt, Jäkel und Heger, die sich schon durch eine Reise in die Schweiz leiblich und geistig restaurirt hatten und sich nunmehr hier in die Reihen der Kämpen zu stellen gedachten. Die freundliche Sonne fing an, sich zu neigen, aber wir wollten uns noch an dem Anblick des lieblichen Neckar und an dessen Küssen mit dem stolz dahin strömenden Rheine laben, was denn auch ausgeführt wurde.

In den „deutschen Hof" zurückgekehrt, wurden wir von unserm lieben Freunde, Schulrath Dr. Schmidt aus Gotha, begrüßt, der sich, wie oben erzählt worden ist, in Eisenach von uns getrennt hatte, um über Frankfurt nach Heidelberg bei seinen Freunden W. u. Sch. vor Beginn der Verhandlungen in der Lehrerversammlung seinen Besuch abzustatten, und der nun unser Nachbar im Gasthofe war und blieb. Mitternacht war herangekommen, so reich an Stoff war die Unterhaltung zwischen uns Dreien: ihm, meiner Frau und mir. — In Begeisterung schilderte er uns das Glück, dessen er sich in seiner neuen Stellung als Schulrath und Seminar-Director erfreue, erzählte er uns viel von dem trefflichen Cultus-Minister Herrn v. Seebach, der ihn in jeglicher Beziehung bei seinen Bestrebungen unterstütze; theilte er uns die Pläne mit, die zur Reform des Schulwesens incl. der Lehrerseminare theils noch in seinem Kopfe roumorten, theils bereits zu Papiere gebracht, theils schon in's Leben getreten wären. Ich konnte ihm nicht verbergen, daß meine Freude darüber, daß aus seiner Anstellung in Breslau nichts geworden, nunmehr doppelt groß sei; denn hier würden seinem Drange nach einer schaffenden, organisirenden Freithätigkeit die empfindlichsten Hemmschuhe angelegt worden sein. Während in Gotha das Princip zu seinem Rechte kommt: „der Schulrath ist frei und nur dem Fürsten und dem Vaterlande verantwortlich," würde er in Breslau dem Bureaukratismus verfallen und nach allen Seiten in Abhängigkeit gekommen sein; die Ideen, eine innere Reform im Bildungswesen zu verwirklichen aber, hätte er unter den obwaltenden verzwickten Verhältnissen ganz aufgeben oder trocken legen müssen. Ein städtischer Schulrath ohne die Berechtigung einer allseitigen Freithätigkeit in seiner Stellung, ein gehorsamer und unterthäniger Diener von F. B. Z. erscheint mir als ein fünftes Rad am Schulwagen. Die Thatkraft, welche Schmidt in Gotha entwickelt, hat mich wahrhaft begeistert, und wäre ich nicht ein Zweiundsiebziger, sondern ein Zweiunddreißiger: ich würde mich ihm zur Disposition gestellt haben, denn dem Gothaer Schulrath ist das Recht eingeräumt, sich die benöthigten Männer zu „Schul-Inspektoren" auszusuchen und nach ihrer Geeignetheit zu verwenden. Dort ist der Satz: „die Schule ist frei und vom Clerus unabhängig," zur Wahrheit erhoben; er (der Satz) steht nicht blos auf dem Papiere und ist nicht mehr Gegenstand unerquicklicher Kammer-Debatten, ebensowenig als in dem herrlichen Baden-Lande mit seinem unvergleichlichen Minister Roggenbach und seinem hochsinnigen Fürsten, Großherzog Friedrich.

Ehe wir uns zur Nachtruhe begaben, wurde der Beschluß gefaßt, am folgenden Pfingsttage unserer Festfreude durch einen Besuch in dem weit und breit durch seine Parkanlagen berühmten Schwetzingen einen Ausdruck zu geben und in dem offenen Tempel der Natur jenes Evangelien-Wort (am zweiten Pfingstfeiertage) gedenken: „Wer Arges thut, der hasset das Licht". Wir aber gehen dem Lichte nach, folgen demselben und sind also fern, etwas Arges zu thun". Der Weg nach Schwetzingen wurde auf dem Omnibus in 1½ Stunden zurückgelegt. Was wir hier sahen und hörten, beschreiben zu wollen, liegt nicht im Gebiet der Möglichkeit. Natur und Kunst haben in Schwetzingen miteinander gewetteifert. Die überaus herrlichen Baumreihen sind mit zierlichen Partien umgeben, im Geist und Geschmack der englischen Gartenkunst angelegt. Da finden wir einen Tempel der Minerva, einen Merkurtempel, Apollotempel, ein Orangeriehaus, eine römische Wasserleitung u. s. w. Ueberraschend und possierlich erschien uns ein Tempel mit einer Menge wasserspeiender Vögel. Die Größe des Umfangs des Parkes kann man sich aus den 186 Morgen, die er einnimmt, vorstellen; und wenn man weiß, daß zwei Stunden kaum hinreichen, um zu allen Sehenswürdigkeiten zu gehen, so wird es Entschuldigung finden, daß wir über Vieles nur flüchtig hinweggehen durften, denn um 7 Uhr mußten wir wieder in Mannheim sein, um die „Vorversammlung" nicht zu versäumen. Es war nicht leicht, einen Wagen zu finden, der uns „heim" brachte, denn hier ging es wenig anders zu, als auf dem Dresdener Volksfest: das Vogelschießen.

Das an sich schon so schöne Mannheim hatte sich während unserer nur kurzen Abwesenheit in Schmuck gekleidet, der Herz und Auge ergötzte. Aus fast jedem Hause wehten nämlich vom Oberstock herab lange Fahnen in den deutschen Farben „Schwarz-Roth-Gold" abwechselnd mit Fahnen in den Baden'schen Landesfarben, was auf das deutsch- fühlende Gemüth einen wunderbar herrlichen Eindruck machte. Die Stadt war auch schon in allen Theilen von angekommenen Fremden belebter als am Morgen. Das Ordensband der Mitgliedschaft prangte am oberen Knopfloch des Rockes vieler uns begegnender Lehrer. Zum Empfange hochgeachteter Persönlichkeiten, z. B. der Mitglieder der Baden'schen „Oberschulrathbehörde" und anderer aus dem Norden Deutschlands erwarteten Festgenossen hatte sich auf dem Perron des Bahnhofes ein außergewöhnliches Leben entwickelt. Stutzig machte mich ein geschärpter Herr, der vor mich trat, mich liebevoll anblickte und mir die Hand zum Willkommen reichte. Es trat eine für uns eigenthümliche Scene ein, über die sich bald Licht verbreitete, als meine liebe Reise- und Lebens- gefährtin mir den Namen „Spengler" in's Ohr flüsterte, Spengler aus Mannheim, der in Gera mit mir tagte! Das übrige denke man sich. Dieser stellte mich einem andern stattlichen Herrn, mit einem grau- werdenden Barte, vor, aus dessen Augen Wohlwollen strahlte und des- sen zwar tiefe, aber weiche Stimme meine Gefühls-Saiten in sehr ange- nehme Schwingungen versetzte. Und als er mich mit einem wohlthuenden Prädikat beehrte, stellte sich bei mir eine fast kordiale Stimmung ein, als hätten wir in unserem Leben schon eine Metze Salz mit einander absorbirt. — Wer war der würdige Herr? „Schuldirektor Professor Dr. Schröder", Präses des Lokal-Comite's in Mannheim. —

Dies ist der letzte Strich zur ersten Federzeichnung.

2. Die zweite Federzeichnung

entwerfe ich, mich im Geiste in den freundlichen geräumigen "Badner Hof" versetzend, unter stiller, aufmerksamer Beobachtung aller Vorgänge in der überaus zahlreichen Vorversammlung von einem günstigen, mühsam errungenen Platze aus, der es mir möglich machte, den lieben Collegen ins Gesicht zu schauen und das Mienenspiel wahrzunehmen. Von aufrichtiger Herzlichkeit begleitet war hier die Begrüßung zwischen Dr. Schulze und mir; Hochachtung und Liebe erfüllten mich, seit ich dem würdigen Manne in Gera näher getreten; aus der persönlichen Bekanntschaft hatte sich im Laufe des Jahres die wärmste Freundschaft nicht nur zwischen uns Männern, sondern auch zwischen unseren Frauen, die so schön mit einander harmonirten, entwickelt. — So viel Antlitze mit intelligenten Stirnen ich auch vor mir hatte, vergebens spähte ich nach zwei lieben Freunden: Herrn Director Lüben aus Bremen und Herrn Oberlehrer Theodor Hoffmann aus Hamburg; aber Dr. Stoy, Dr. Schmidt, Dr. Lange, Dr. Meier und Andere leuchteten als Wohlbekannte aus der Versammlung hervor. Unter der großen Menge zog eine mittlere Gestalt durch ihre äußere Erscheinung meine Aufmerksamkeit dauernd und wiederholt auf sich, ein Greis mit gebleichtem Haar, bedeckt mit schwarz-sammtnem Barett und sehr beweglichen Wesens; es war dies Herr Dürre aus Weinheim, mir wohlbekannt durch seine originellen Aufsätze in der "allgemeinen deutschen Lehrerzeitung" und in andern pädagogischen Zeitschriften, so wie durch seine Bestrebungen, das "Landwirthschaftliche" in den Schulen der Beachtung zu unterziehen. Daß derselbe hier erscheinen würde, aber mit dem Vorsatze hierher kommen wolle, einen stummen Theilnehmer zu spielen: das hatte ich mit Bedauern aus seinem eigenen Munde in der "Lehrerzeitung" vernommen. Er vermochte aber nicht zu unterdrücken, was in ihm lebte und in ihm sich regte.

Die Glocke kündigte die Eröffnung der Verhandlung an. — Große Stille. Der Präses des Local-Comités, Herr Director Professor Dr. Schröder betrat den Redner-Platz, hielt eine kurze Ansprache an die Versammelten, begrüßte sie durch ein wohl-wollendes herzliches Willkommen, wünschte dem Lehrertage in Mannheims Mauern einen ermuthigenden Anfang, segensreichen Fortgang und ein befriedigendes Ende und ersuchte den Vorsitzenden des Ausschusses, den bewährten Herrn Superintendenten Dr. M. Schulze aus Ohrdruff, das Präsidium zu übernehmen und das Weitere zu veranlassen. Obgleich mit Applaus begrüßt, wollte der würdige Herr sich doch nicht der Leitung der Verhandlungen unterziehen; er erklärte in seiner großen Bescheidenheit, daß er der schwierigen Aufgabe nicht gewachsen zu sein glaube. Allein man hielt an ihm fest und that gut daran.

Vor allem war eine Sichtung resp. Erwägung der Themata, deren das Programm, das sich in unsern Händen befand, 25 enthielt, vorzunehmen. Unter diesen Themen waren theils solche, die bereits bei der vorjährigen Lehrerversammlung zurückgestellt worden waren, theils solche die in sehr naher Verwandtschaft mit einander standen, theils solche, deren Einsender am Lehrertage sich persönlich zu betheiligen verhindert waren, theils ganz neue, aber Bedenken erregende. Man kam nach sorgfältigen Erwägungen darin überein, daß die verwandten Vorträge in unmittelbare Verbindung zu bringen seien. So der Vortrag des Herrn Schulrath Dr. Schmidt: „Was hat die Schule zur Erweckung und Pflege der Vaterlandsliebe zu thun?" und des Herrn Rittinghaus aus Rheinpreußen,: „deutsches Volk, deutsche Schule, deutsche Lehrer." Ferner: der Vortrag des Herrn Director Dr. Schröder aus Mannheim: „der Mangel aller wehrhaften Erziehung der Jugend" und der des Herrn Vorsteher der St. Johannisschule Schnell aus Prenzlau: „die Erziehung zur Mannhaftigkeit." Herr Director Berthelt aus Dresden, der „über Anwendung des formellen Prinzips auf einige Lehrgegenstände" einen Vortrag halten wollte, zog denselben unaufgefordert, aber zu meinem Bedauern zurück. Ebenso mußte der Vortrag des Redacteur der evangelisch-pädag. Jahrbücher in Wien, Herrn Wittstock: „die evangelische Pädagogik soll die freie allgemeine Menschenbildung nicht nur zum Ziele haben, sondern fordert sie unbedingt" ausfallen, da der Verfasser zu erscheinen verhindert worden war. Die Unsicherheit in der Ankunft des Herrn Pfarrer Dr. Riecke zu Reuffen erheischte die Streichung seines Vortrages: „Die Pflege des Gedächtnisses;" im Falle Herr Dr. Riecke aber eintreffen sollte, so dürfte sein Thema: Die Volksschule als Denkschule," das schon in der vorjährigen Versammlung im Programm stand, diesmal auf die Tagesordnung gestellt werden. Tiedeman aus Hamburg, Janson aus Bremen, Kaiser aus Wien, Dr Leopold Stein aus Frankfurt, Wander aus Hernsdorf in Schlesien, Schmidt aus Naumburg, Dr. Maier aus Lübeck, wären gern auch gehört worden, wenn die Zeit es gestattet hätte. Nun waren noch drei Thema im Programm: 1) „Confessions- oder Communal-Schulen" von Oberlehrer Kuhn in Mannheim, 2) „Die Berücksichtigung der konfessionellen Unterschiede in der Schule," von Dr. Referstein in Dresden, und 3) „Ob Staatsoder Communal-Schulen" von Director Dr. Paldamus in Frankfurt a. M. die zur Berathung gezogen wurden, in welcher die Geister gleich Raketen auf einander platzen. Der Präses hatte nämlich, die ursprüngliche Tendenz der Lehrerversammlung: Confessionelles nicht in ihr Bereich zu ziehen, festhaltend, seine Bedenken ausgesprochen, jene Themen zum Vortrage und zur Debatte zu bringen.

Er motivirte in seiner milden Weise die Bedenken, indem er besondern den Umstand betonte, daß die Versammlung nicht allein Mitglieder aller Confessionen, sondern auch aus fast allen Landen enthalte, daß selbst unter denen, die zu einer Confession gehören, der Standpunkt ihres Glaubens gewiß ein verschiedener sei, daß voraussichtlich keine Einigung auf diesem heiklichen Gebiete erzielt werden würde. Die Mannheimer Collegen dagegen bestanden auf dem Antrage, den Gegenstand zur öffentlichen Erörterung zu bringen. Herr Spengler bezeichnete sie als eine „brennende Frage" der Zeit, die zur Erledigung kommen müsse, wenigstens sei sie der Erledigung näher zu bringen (Beifall) Der Präses erwiederte, daß er die „brennende Frage" anerkenne; aber weil sie das sei, so liege die Befürchtung nahe, daß in eine Versammlung von mehr als 2000 Schulmännern eine Brandfackel geworfen werden dürfte, die einen die Gesellschaft verzehrenden oder zerstörenden Brand verursachen würde, der in langer Zeit nicht wieder gelöscht werden könnte; er sehe das schöne Band des Friedens und der Einmüthigkeit, welches bis jetzt die allgemeinen deutschen Lehrerversammlungen zusammen gehalten habe, gefährdet und bitte daher, davon abzustehen, oder ihm zu gestatten, die Stelle, von welcher aus er zu der Versammlung zu sprechen, berufen worden sei, wieder zu verlassen, da er nicht geeignet sei — wie er von Vornherein schon erklärt habe — so stürmische Debatten zu leiten und zu beherrschen, ohne selbst darunter zu leiden oder zu Grunde zu gehen. „Nein, nein, nicht abtreten, Präses bleiben, aber die Debatte noch nicht zu schließen!" riefen Stimmen von allen Seiten, unter denen eine Persönlichkeit aus der Schweiz durch seine Körpergröße, Redefertigkeit und Stentor-Stimme hervorragte. Ich erkannte mit Freuden jenen Mann, in dessen Hand einst in der Dresdener Lehrerversammlung (1848) das Präsidium lag und das er mit bewundernswerthem Geschick führte. — Ein trefflicher Blitzableiter — dachte ich. „Wir sind, lieben Freunde und deutsche Brüder," sagte er, „nahe daran, einen Beitrag zu der berüchtigt gewordenen deutschen Einheit zu liefern. Daß Sie das nicht wollen, weiß ich; aber die Gefahr liegt vor Augen. Ich bin, das erkläre ich, nicht gegen den in Rede stehenden Zankapfel und meine, daß er zu einer interessanten Besprechung der Sache Veranlassung giebt, ja daß es möglich sei, die Angelegenheit in einem Geist und in einer Form zu besprechen, die der Bildung des deutschen Lehrerstandes würdig sei (Beifall). Vermeiden wir dabei nur, in das Gebiet der Dogmen zu steigen, behandeln wir die brennende Frage als eine äußere Angelegenheit der Schulorganisation, verhalten wir uns rein objectiv, leidenschaftslos, so wird es unter uns nicht zum lodernden Brande kommen." So ungefähr sprach Zschetsche aus Zürich in längerer Rede und trug dadurch zur Beschwichtigung der aufgeregten Stimmung nicht wenig bei. Es wurde mir — warum sollte ich es verheimlichen — heiß auf dem Platze, den ich einnahm, nicht aus Engherzigkeit, oder aus Mißtrauen gegen den sich kundgebenden Geist, der mir in gewisser Hinsicht wohl that, weil ich daraus das lebendige Interesse für die fort und fort glimmende Schulsache unter unsern süddeutschen Brüdern wahrnahm, und mich von dem Muth der Lehrer, „eine Meinung zu haben" und diese im Angesicht der Gemeinden und des mächtigen Clerus unumwunden auszusprechen, überzeugte. Die norddeutschen Lehrer sind nicht kühl in derselben Sache, leben aber unter dem Einfluß der Einschüchterung und dürfen weniger das sprechen, was sie denken, als das, was sie nicht denken. Das ist schlimm, weil charakterdurchlöchernd und demoralisirend; aber wo die Gewalt das Scepter schwingt und das Recht hat, da liegt das Recht an der Kette. „Das größte Recht ist oft das größte Unrecht", sagt ein deutscher Mann. Ich sagte oben, es sei mir bei jener Debatte heiß geworden. Es drängte mich, meinen Mund ebenfalls aufzuthun und aus meiner Erfahrung zu sprechen; aber ich wollte mich nicht zum Worte melden, da der Ruf auf Schluß wiederholt worden war. Das hindert mich jedoch nicht, hier niederzulegen, was ich dort auf dem Herzen hatte, im Herzen behalten und mit fortnehmen mußte. Was ich sagen wollte, besteht etwa in Folgendem:

„Gestatten Sie einem in seinem Berufe grau gewordenen Schulmanne, ein Wort der Erfahrung und der Ueberzeugung auszusprechen. Die vorliegende Frage ist eine „brennende", das ist wahr; sie brennt auch in mir seit ich als Lehrer selbstständig denken kann, und sie ist in mir noch nicht „ausgebrannt." Das Unnatürliche in dem Bestehen von Confessionsschulen vermag ich nicht hinweg zu läugnen und das antichristliche in dem Bestreben, sie fort und fort nicht nur bestehen, sondern auch schärfer, resp. schroffer zu trennen und zu vermehren, erfüllt mich mit Schmerz, der Kinder wegen, des wahren Christenthums wegen und der Menschheit wegen. Denn je schärfer und schroffer confessionell, je weniger Liebe, wie sie unser Heiland hatte, lehrte, lebte und verallgemeinern wollte, desto mehr Gleichgültigkeit, Haß, Fanatismus.

Im Christenthum ist das erste die Liebe, das zweite auch die Liebe und das dritte ebenfalls die Liebe; sie ist das A. und O. des Christenthums. Sie in den Herzen der Kinder zu erzeugen, zu hegen, zu nähren, zu pflegen, zu läutern, zur Reinheit zu erheben, das erachtete ich stets als eine heilige Aufgabe. Ich war 17 Jahr Lehrer in Neisse, dem schlesischen Rom, und hatte in meiner Rectoratsklasse Kinder, Knaben und Mädchen, evangelischer, katholischer und jüdischer Confession, die sich vom Religions-Unterricht nicht ausschlossen; aber ich hütete mich, meine confessionellen religiösen Grundsätze diesen Kindern gegenüber in einer solchen Färbung zur Geltung zu bringen, daß sie an meiner Liebe irre geworden wären. In Breslau führte mich Gott so, daß ich in mein Lehrerinnen-Seminar Schülerinnen evangelischen, katholischen und jüdischen Glaubens aufzunehmen nicht behindert wurde. „Sobald Sie sich durch meinen Unterricht in der Religion nicht verletzt fühlen werden, können Sie von demselben zurückbleiben," sagte ich den jungen Damen. Und welche Erfahrungen machte ich? Sehr erfreuliche. Eine im Kloster sehr streng erzogene Katholikin schloß sich an mich in Herzlichkeit an und legte bei ihrer Trennung vom Seminar das Bekenntniß ab, daß sie mit großen Vorurtheilen das Seminar betreten hätte, und daß ihr vielfach abgerathen worden wäre, die evangelische Anstalt zu frequentiren; aber sie sei vollständig geheilt und scheide mit der Ueberzeugung, daß man christlich religiös lehren und leben könne, ohne andere Konfessionen zu verdächtigen und anzufeinden, wie sie das leider erlebt habe. In Breslau gehöre ich einem Lehrer-Verein an und stehe demselben seit 1840 vor, der von Ursprung an (1814) aus evangelischen und katholischen Mitgliedern besteht. Wir leben in fast brüderlich-gesinnter Einigkeit und kein katholischer Kollege ist in Folge einer konfessionellen Zwistigkeit und Verletzung aus dem Verein geschieden. Die gegenseitige Achtung wird durch Vermeidung jeglichen dogmatischen Konflikts erhalten und erhöht. — Hier sitzen wir nun in dem freisinnigen Mannheim beisammen; wir begegnen einander in Freundlichkeit; und keiner sieht dem andern an, ob er Katholik, Protestant, Kalvinist, oder Israelit sei; keiner fragt auch den andern nach seiner Konfession. Aber bringen wir die Konfessionellität auf die Tages-Ordnung; so wird, und sei ein jeder Redner auch noch so zart und rücksichtsvoll, es nicht zu vermeiden sein, daß ein Mißverständniß sich einschleicht. Wir können weder voraussehen, noch weniger verlangen, daß alle katholische Mitglieder für die Aufhebung der konfessionellen Schulen sein werden, eben so wenig wird das der Fall bei den evangelischen Lehrern, bei denen der alt-lutherischen Richtung, sein. Und wenn die Mehrzahl der Versammelten der nichtkonfessionellen Schuleinrichtung beistimmte, ja wenn von 100000 deutschen Lehrern 90000 für Aufhebung solcher Schulen wären, würden die Staaten darin auch so einig sein, auf unser Votum zu hören und ihre Grundsätze aufgeben? Von den Communen muß die Arbeit in Angriff genommen werden; wir 16. nen nur dadurch, daß wir Licht in die Köpfe unserer Schüler bringen und Wärme in den Herzen derselben erzeugen, also indirect, jene schöne Zukunft vorbereiten, die wir jetzt durch den redlichst gemeinten Eifer verschieben, anstatt herbeiführen würden. Nehmen Sie die Angelegenheit auf die Tagesordnung, so fürchte ich, daß das Sprichwort sich bewahrheiten werde: „Wer Wind säet, wird Sturm ernten" Und wie betrübend wäre es, wenn ein Zerwürfniß herbeigeführt würde, und wenn auch nur Einer zum Hut griffe und wegen Verletzungen den Saal und die Gesellschaft verließe! Ich, wenigstens möchte von einem solchen Ereigniß nicht Zeuge sein — Bringen Sie die brennende Frage diesmal noch nicht zum Austrage, verbrennen Sie Sich den Mund nicht daran! „Die Zunge ist zwar ein klein Glied, aber sie richtet große Dinge an." —

Vielleicht würden diese Worte nicht eindruckslos verklungen sein.

„Wie sehr die Besorgniß gegründet sei, daß die beregten Vorträge ein Zerwürfniß herbeiführen würden," bemerkte der Herr Präses, „das gehe aus der Abhandlung hervor, die ihm von einem der Herrn, der seinen Vortrag zu halten behindert sei und dessen Vorlesung beantragte; denn da werden Dinge zur Sprache gebracht, die gewiß keine gute Stimmung erzeugen würden."

So wurde denn der Gegenstand verlassen und nur dem Director Dr. Paldamus: „Ob Staats- oder Communalschulen" eine Stelle in der Tagesordnung offen gelassen.

Es handelte sich jetzt um die Feststellung der zu beobachtenden Reihenfolge der Vorträge. Mit welchem Vortrage soll in der Versammlung begonnen werden? Daß die Berathung einer so einfachen Frage aufregend ausfallen würde, hätte ich kaum erwartet. Die Besprechung bewegte sich anfänglich um die Entscheidung, welche von den Vorträgen zurückzustellen seien. Recht erfreulich war die Theilnahme zu vernehmen, die sich darüber kundgab, daß die Hoffnung mehrerer Einsender von Themen, den Vortrag halten zu können, nicht zur Erfüllung gelangen werde; die Herren hätten sich doch der Mühe unterzogen, ein interessantes Thema ausfindig zu machen, in der ihnen karg zugemessenen Muse zu meditiren, auszuarbeiten und wol gar zu memoriren, und nun sehen sie ihr „Licht unter den Scheffel gestellt." Das sei, meinte man, allerdings zu beklagen, aber den Präses des Ausschusses, so wie diesen selbst, treffe kein Vorwurf, keine Anklage. Das Loos über die Wahl der Vorträge entscheiden zu lassen, sei nicht räthlich. Es müsse vielmehr in gemeinsame Berathung gezogen werden, welche Vorträge geeignet sein würden, das allgemeine Interesse zu erregen und mit welchem der Anfang zu machen sei; denn „ein guter Anfang verbürgt ein gutes Ende." Der Präses stimmte nach dem Vorschlage eines Anwesenden, dessen Name mir entschwunden ist, — war es nicht Dr. Lange aus Hamburg? — für das Thema des Herrn Schulrath Dr. Schmidt aus Gotha, der durch seinen Vortrag in Gera „über die Charakterbildung" die ganze Versammlung, wie jeden Einzelnen elektrisirt hatte. In Folge dieses gewiß gut gemeinten Vorschlages trat ein mir gegenüber sitzender Herr mit blitzenden Augen, ernster Physiognomie und zugespitztem Munde auf, und protestirte gegen die Form einer solchen Wahl entschieden, weil darin eine Verletzung resp. Ungerechtigkeit gegen die andern Vortragenden liege; er habe nichts gegen Herrn Schmidt und seinen Vortrag, aber es muß durch Wahlzettel die Unparteilichkeit in der Entscheidung ermittelt werden und sich herausstellen. Niemanden zu Liebe und Niemanden zu Leide, das sei unser Grundsatz. Der Präses wendete ein, daß er nichts gegen die Entscheidung durch Wahlzettel habe; aber er müsse darauf aufmerksam machen, daß bei der großen Anzahl der Wähler das Geschäft sich bis zur Mitternacht ausdehnen dürfte, was denn doch für die meisten zu ermüdend sein würde. Sehr richtig, erwiederte der vorige Sprecher, aber er könne deswegen doch von seiner Forderung, den Andern gerecht zu werden nichts nachlassen. Gerecht! gerecht! meine Herren, wiederholte er fast mit Entrüstung, die sich in Ton und Geberde kundgab. — Das ist ja ein recht hartnäckiger Kämpe, dachte ich; und doch war es ein Mann, dessen Humanität und Liebenswürdigkeit sich in den folgenden Tagen herausstellte. Ich meine den Herrn Direktor Dr. Clemen aus Kassel, vortheilhaft bekannt durch sein gutes Lesebuch und seine Schulreden. Die Versammlung entschied sich durch Acclamation für den

Schmidt'schen Vortrag, dem der von Kittingshaus unmittelbar folgen sollte. Rasch wurde man über die Aufeinanderfolge der andern Vorträge einig, die ich in diese Federzeichnung noch nicht aufnehme. Der letzte Gegenstand betraf die Wahl eines tüchtigen Präsidenten. Herr Dr. Clemen wünschte, daß der zu wählende Präsident „ein Tyrann" sein möge. Der Mann, auf den Aller Augen gerichtet waren, befand sich noch nicht in Mannheim. Es war nämlich der sehr berühmte Herr Theodor Hoffmann aus Hamburg. Leider hatte sich derselbe gegen den Präses des Ausschusses brieflich dahin geäußert, daß die Wahl von ihm abgelenkt werden möge; er wolle im Interesse der Versammlung auf die Ehre verzichten. Herr Dr. Dürre erwähnte, daß sich Herr Hoffmann durch einen von ihm in einem Aufsatze harmlos hingeworfenen, ihm gleichsam aus der Feder entschlüpften Ausdruck mit Recht verletzt gefühlt; aber er habe dessen Verstimmung durch brieflichen Verkehr mit Hoffmann zu beseitigen gesucht und er (Dürre) habe jetzt die erfreuliche Nachricht mitzutheilen, daß Herr Hoffmann vom Lehrertage nicht zurückbleiben würde. Hätte Hoffmann gesehen, wie die Herzen ihm freudig entgegen geschlagen: er würde nicht ohne Rührung geblieben sein. Als Vice-Präsidenten wurden die vorgeschlagenen Herren: Direktor Professor Dr. Schröder aus Mannheim und Direktor Bertheit aus Dresden gern gewählt. Da hatte denn der Lehrertag drei Kern-Männer an ihrer Spitze: einen kleinen ersten Präsidenten, umgeben von zwei großen Vice-Präsidenten. Goethe würde gesagt haben: „drei tüchtige Kerle, aber der kleinste unter ihnen ist ein liebenswürdiger Tyrann, dem Niemand zu widersprechen wagt."

Das war ein heißer Abend mit Gewitterschwüle, an dessen Himmel sich schwarze Gewitterwolken heraufgezogen hatten, aus denen Blitze zuckten, denen der Donner unmittelbar folgte, ohne daß jene gezündet und eingeschlagen hatten. Die Luft war rein und erfrischend geworden; Alle athmeten leichter, der Präses aber wischte sich den Schweiß von der Stirn und sehnte sich nach einer Erholung resp. einen Labetrunk. Der Federzeichner, der von den Erlebnissen in Schwetzingen noch erfüllt war, bittet um Entschuldigung, wenn diese Federzeichnung einige zu starke Striche und hie da zu viel Schatten erhalten haben sollte. Der Schatten erhöht ja das Licht und beide, richtig vertheilt, geben dem Bilde erst Leben. Punktum.

3. Die dritte Federzeichnung

entwerfe ich in gehobener, ja geweihter Stimmung; denn wir stehen im ersten Tage der Hauptversammlung des allgemeinen deutschen Lehrertages und der Gedanke, daß diese vierzehnte Lehrerversammlung in Wahrheit der erste allgemeine deutsche Lehrertag ist, durchdringt, erwärmt und erhebt das Herz. Wie könnte auch ein empfängliches Gemüth eines deutschen Lehrers gleichgültig bleiben, wenn es wahrnimmt, welches Festgewand die Stadt angezogen — wie eine an sich durch Schönheit ausgezeichnete Braut ist sie geschmückt, einfach und doch würdevoll. Welche herzliche Theilnahme für die Zusammenkunft legt die Stadt zu Tage! Bis in die untersten Schichten der Einwohnerschaft ist die Bedeutung der Zusammenkunft der Erzieher und Bildner der Jugend gedrungen. Von Oben — vom Rathhausthurme herab ertönt durch ein vollständiges Infanterie-Musikchor ein erhebender Morgengruß, gleichsam ein „Ehre sei Gott in der Höhe, Friede auf Erden und den Menschen ein Wohlgefallen", ein Morgengruß, ohne Befehl veranstaltet auf Kosten von Mannheimer Schulfreunden. Wer wollte sich schämen zu gestehen, daß das Dareinschauen in die Belebtheit der Straßen durch eine unübersehbare Anzahl von Männern jeder Altersstufe, vom Lehrerjüngling bis zum Greise mit gefurchter Stirn, gebleichtem Haar und gebeugter Haltung, ohne Ausnahme geschmückt mit dem zierlichen Ordensbande der deutschen Farben eine freudige Rührung bewirkten, die das Auge glänzend feuchtete! Dazu die herzliche Begrüßung durch Darreichung der Hände und des Mundes, die in größeren und kleineren Gruppen an allen Ecken der Quadrate stehenden Apostel der Pädagogik in lebhafte Gespräche vertieft — eine schöne Vergegenwärtigung der Begeisterung der Gottesmänner nach dem Empfange des heiligen Geistes am 50. Tage nach dem Osterfeste zu Jerusalem.

Je näher zehn Uhr des Morgens — die Stunde des Beginnens der ersten Hauptversammlung — heranrückte, je dichter die Wogen der nach der Trinitatiskirche — dem Tempel der Versammlung — sich beeilenden Festgenossen! Unter den größten Schwierigkeiten näherten wir uns dem ehrwürdigen Versammlungslokal. Für die große Menge Hör- und Wißbegieriger war die an sich nicht kleine Kirche doch nur ein Kirchlein. Die verehrten Lokal-Comitee-Mitglieder entwickelten eine außerordentliche Thätigkeit in der Unterbringung der Ankommenden. Wir waren so glücklich, in der Nähe des Präsidiums und des Rednerplatzes unsere Plätze angewiesen zu erhalten; wir gewannen Zeit, uns die schöne sinnige Dekoration des Altars zu beschauen; wie das Allerheiligste in der Stiftshütte war diese geheiligte Stelle in eine dem Auge wohlthuende Verhüllung gebracht. Mancherlei Gedanken resp. Betrachtungen und Reflexionen bewegten sich in meiner Seele. Kirche — Trinitatiskirche und Lehrertag! Wie stimmen diese zusammen? Und doch fand ich einen harmonischen Dreiklang darin — keine Dissonanz, die den Accord zu einer Auflösung drängt. Die Trinitatiskirche in Mannheim barg in ihren Mauern eine Dreiheit in der Einheit, in zweifacher Beziehung: Protestanten, Katholiken und Israeliten; in einem Sinn gar eben," und

2*

Hochschulen-Hohen-Priester, Bürgerschulen-Apostel und Landschulen-Jünger in brüderlicher Einigkeit — lauter Bauleute am großen Dom der Menschheit: zu wem da das Herz sich nicht bewegt, der muß keins haben! Hoch klopfte in mir das alte Herz und feurig schlugen die Pulse, als der Blick sich in den bis in die obersten Räume besetzten Gottestempel richtete.

Der Ruf der Glocke kündigte an, was folgte. Zwei Mal zweitausend und achthundert Augen waren auf den erhöhten Platz des Präsidiums gerichtet, wo wir die ehrwürdigen Häupter der Patrizier der Stadt erblickten. Die Orgel erhob ihre vielstimmige Kehle unter den geschickten Fingern ihres Meisters E. Kuhn und versetzte uns zur Anstimmung folgenden Liedes nach der Melodie: „Großer Gott, wir loben ꝛc."

Hohes Fest! Wir feiern Dich treu und froh im Bruderkreise! Da fühlt Jeder stärker sich, heiter wird die Lebensweise; durch der Liebe heil'ges Band sind wir Alle nah' verwandt!

Treu vereint! Das stärkt und schafft im Vertrauen das Gedeihen, daß wir mit erneuter Kraft uns der Volksbildung weihen! Heilig ist des Lehrers Pflicht, denn er wirkt für Recht und Licht.

Geist der Wahrheit, der die Welt stets erfüllt mit neuem Leben, der die Erdennacht erhellt, segne unser Thun und Streben! — Uns're Herzen ein Altar! unser Streben fest und wahr!"

Ja, „uns're Herzen ein Altar! unser Streben fest und wahr!" so hallte es nicht nur in meinem, sondern in Aller Herzen in feierlicher Rührung fort und fort, während des dreitägigen Lehrertages.

Während der Schluß-Cadenz der Orgel erhob sich ein Herr von mittler, untersetzter Statur, mit einer ansprechenden Gesichtsbildung, die eine intelligente Stirn präsentirte, mit ernsten doch Wohlwollen andeutenden Zügen und sprach mit klangvoller Stimme ein wohldurchdachtes und wohlgesetztes Wort des Willkommens Namens der Stadt Mannheim. Herr Oberbürgermeister Achenbach war es, der uns begrüßte und versicherte, daß er um so lieber die Versammelten in Mannheims Mauern vereinigt sehe, als sie die erste wahrhaft allgemeine deutsche Lehrerversammlung sei, von deren Besuch Niemand mehr durch ein Verbot der Regierung seines Staates sich ausgeschlossen sehe. Bei aller politischen Zerklüftung sei diese Versammlung ein erhebendes Zeichen der geistigen Einigung, welche unter den verschiedenen deutschen Stämmen auch jetzt schon bestehe, der geistigen Einigung, die zu der einstigen politischen Einigung das Ihrige beitragen und ein gewisses Unterpfand sei, daß diese ersehnte Einheit nicht ausbleiben kann. „Möge der Geist der Einigung, der die Versammlung herbeigeführt, auch Ihre Verhandlungen beseelen!" Dieser kurzen, aber kernigen, Freisinnigkeit athmenden Ansprache folgte der laute Beifall der Anwesenden.

Diesem ersten Gruß reihte der Herr Stadtpfarrer Schellenberg aus Mannheim einen zweiten an, den er im Namen des Lokal-Komité's und des Gesammtvorstandes der Mannheimer evangelischen Gemeinde, welcher dieses Gotteshaus der Lehrerversammlung mit Freuden geöffnet habe, den so zahlreich aus allen Gauen des deutschen Vaterlandes herbeigeströmten Gästen darbrachte. Der Herr Redner imponirt durch seine stattliche Persönlichkeit. Haltung und Gesichtsausdruck verkündigen den milden, ruhigen, besonnenen Charakter; die Gewaltigkeit in der Rednergabe trat schon in dieser ersten Ansprache hervor und fand in jeder folgenden ihre Bestätigung. „Die Stadt Mannheim", erwähnte der liebe Herr, „ist schon seit alter Zeit, seit den Tagen ihrer Gründung eine Stätte bürgerlicher Freiheit, eine Stätte edler Menschenbildung gewesen und dieser Sinn, dies lebhafte Interesse an Allem, was edle Bildung fördert, ist in der hiesigen Bevölkerung lebendig geblieben bis auf den heutigen Tag. Er durchdringe in gleichem Maße die Regierung des Landes wie das Volk. Es ist, fuhr der Herr Redner fort, eine erhebende Erscheinung, eine so zahlreiche Versammlung heute in demselben Hause vereinigt zu sehen, wo gestern von der Kanzel herab die Pfingstpredigt erschallte. Man erinnere sich der ersten Pfingstversammlung zu Jerusalem, wo Tausende in verschiedenen Zungen eine Sprache vernommen hätten. Auch heute geschehe es so, auch heute würde in mancherlei Zungen eine Sprache geredet: die Sprache heiliger Liebe und Begeisterung für die Erziehung des Volkes. Möchten die Lehrer da ihres apostolischen Berufs recht inne werden, des Berufs, die Bande zu lösen, in welchen nach den Worten des edlen Menschenfreunds v. Rochow „der Löwe der Volkskraft und Volksvernunft noch gefesselt liege". Welch ein erhabener Beruf, Menschen zu erziehen, Menschen zu bilden, für alles Große, Edle und Herrliche! Möge die Versammlung davon lebendig durchdrungen sein, möge auch in ihr der göttliche Pfingstgeist wehen und bleibende Früchte aus ihr hervorwachsen lassen!" — Vortrefflich, dachte und rief ich, und die Versammelten thaten dasselbe. —

Nunmehr erhob sich unser verehrter Herr Dr. M Schulze aus Ohrdruff, der Präses des Ausschusses von seinem Sitze. Er ruft der Versammlung ein Willkommen zu im Namen des „Ausschusses" des Lehrertages. Eine Vereinigung von Lehrern, so zahlreich wie die heutige, habe Deutschland bisher nicht gesehen. Schulze theilt darauf die von der gestrigen Vorversammlung für den heutigen Tag projectirte Tagesordnung mit, welche gleich der ebenfalls gestern vorgenommenen Wahl des Präsidiums von der Versammlung durch Acclamation acceptirt wird. Hierauf nimmt Herr Oberlehrer Hoffmann aus Hamburg den Präsidentenstuhl ein und die Herren Director Dr. Schröder aus Mannheim und Director Berthelt aus Dresden werden ihn als Vicepräsidenten bei der Leitung der Verhandlungen unterstützen. Es wurde festgesetzt, daß kein Redner über zehn Minuten sprechen solle, und wenn zwei oder mehrere über ein und denselben Gegenstand zu sprechen wünschten, so soll nur Einer einen vollständigen Vortrag halten, die Andern aber sich daran debattirend betheiligen. Der Präsident macht bekannt, daß laut angekommener telegraphischer Depesche der „Stadtrath" von Gera, wo die vorige Lehrerversammlung abgehalten wurde, der Mannheimer Versammlung seinen Gruß sendet. (Freudige Bewegung.)

Vor Beginn der Vorträge ertheilte der Präsident einem Manne das Wort, der es sich auf fünf Minuten erbeten hatte, um sich eines Auftrages, den ihm sein Herz gegeben und eines, der ihm in seinem Wohnort ertheilt worden sei, zu entledigen. Dieser folgte dem Aufrufe, wurde theilnahmevoll empfangen und sprach Folgendes nicht ohne Befangenheit:

„Wenn ich meine Blicke in diese große, große Versammlung umher sende, wenn ich mir dabei die Vorstellung verlebendige, daß jeder Einzelne gleich mir ein Arbeiter auf dem weiten Arbeitsfelde des Unterrichts und der Erziehung sei; wenn ich die Voraussetzung hegen darf, daß sie aus dem rauhen Westen und Süden, wie aus dem fernen Osten und Norden unseres Vaterlandes aus freiem Antriebe, — nur deputirt von dem Gefühl der Zusammengehörigkeit und Gemeinsamkeit hierher gekommen, daß also keiner von dem Miethlingssinn Behafteter unter uns ist: so weiß ich, von Bewunderung voll, nicht, wie ich Gott genug preisen soll, daß er mich diesen Tag in meinen Greisesjahren noch sehen ließ, den Tag, der in mir am Abend des Lebens den Aufgang der Morgensonne der Hoffnung einer schöneren Zukunft erblicken läßt. —

Wie das leibliche Gedeihen des Menschen neben dem Ernährungsstoffe auch von der Beschaffenheit der Atmosphäre, in welcher er lebt, abhängt, so ist der Fortschritt im Bildungswesen neben dem Lehrstoffe auch von der Beschaffenheit der pädagogischen Luft, die die Lehrer einathmen, bedingt. Es ist leider nicht in Abrede zu stellen, daß es Länder, Staaten, Gegenden, und Oerter gibt, wo in der pädagogischen Atmosphäre ein Ueberfluß an Stickstoff vorhanden ist, dagegen aber Mangel an Sauerstoff leidet. Ist es da zu verwundern, wenn in dem Bildungsstreben eine Stockung eintritt? Wir sind heute gottlob in einem Staat und in einer Stadt, wo der Zuströmung von Lebensluft und der Freiheit in der Bildung eine offne Gasse gelassen ist, wo das Recht in der Pädagogik zu seinem Recht gelangen kann.

Ich komme, liebe Brüder und Berufsgenossen, aus der Hauptstadt Schlesiens, wo ein reger Eifer für Unterricht und Bildung und deren Anstalten in der Einwohnerschaft und unter den Lehrern waltet. Es ist mir vor meiner Abreise zum Begleiter der Wunsch mit auf den Weg gegeben worden, der 14. allgemeinen deutschen Lehrerversammlung einen freundlichen Gruß zu entbieten, zunächst von den Directoren der höheren Schulen (Klette, Kämp und Gleim), dann von der pädagogischen Section der schles. Gesellschaft für vaterländische Cultur, deren Vorsitzender ich seit 1840 zu sein die Ehre habe, so wie von dem ältern Lehrerverein Breslaus, der künftige Ostern — Quasimodogeniti — sein 50jähriges Jubiläum zu feiern gedenkt; und von dem jüngern Lehrerverein, der darum so heißt, weil er nach dem ältern ins Dasein getreten ist. Wie Viele wären nicht auch gern hier in

Mannheim, und ich selbst bedaure, daß sie nicht diese meine große Freude mit mir theilen können. Desto herzlicher ist die Freude darüber, daß die allgemeine deutsche Lehrerversammlung noch lebt und sich zu einem „allgemeinen deutschen Lehrertage" erhoben hat. Es lebe der „Lehrertag!' „Mögen Sie Alle hier neu begeistert und begeistiget werden!"

Wenn die lieben Anwesenden nicht alles gehört haben sollten, was sie hier zu lesen bekommen; so ist das die Schuld des Redners, in dem das Wort vom Gefühl überströmt wurde und der Gedanke aus den Ufern trat. Nun wurde einem Redner der Platz eingeräumt, der den vorigen allerdings weit, weit überflügelte und sowohl durch die Gewalt seiner Redekraft als durch die Gediegenheit des Inhalts seiner Rede die Herzen packte, mit sich fortriß und zum Himmel erhob. Ich meine Herrn Schulrath und Seminar-Director Dr. C. Schmidt aus Gotha. „Was hat die Schule zur Erweckung und zur Pflege der Vaterlandsliebe zu thun?" fragte dieser Herr. Seine Antwort beginnt mit der Mahnung des alten Attinghausen: „An's Vaterland, an's theure, schließ dich an, das halte fest mit deinem ganzen Herzen, hier sind die starken Wurzeln deiner Kraft!" und reiht daran in kurzen, eindringlichen Zügen ein Charakteristik Schillers, der selbst in seinem ganzen Wesen ein lebendiges Beispiel solcher Vaterlandsliebe gewesen sei. In Schiller zeigte sich das wahre Wesen des deutschen Volkes am herrlichsten verkörpert: die Liebe zur Freiheit, zur Wahrheit, der deutsche Fleiß, die deutsche Treue und Redlichkeit, strenge Gewissenhaftigkeit und ächte Religiosität. Auf diesen Tugenden ruhe die rechte Vaterlandsliebe. Denn sie sei nichts Anderes, als die Harmonie unseres Denkens, Fühlens und Wollens mit dem Denken, Fühlen und Wollen der Nation. Was hat nun die Schule zu thun, um diese Vaterlandsliebe zu wecken? Sie hat eben in ihren Zöglingen die Tugenden der deutschen Nation lebendig zu entwickeln, den deutschen Freiheitssinn, Wahrheitsliebe, Fleiß, Treue zu pflegen und diese Gesinnung wird sie entwickeln, wenn sie im Lehrer selbst Liebe und Kraft gewonnen hat. Daher sollen vor Allem die Lehrer deutsch sein in Gesinnung und Handlung, in Wort und That. Flatterhaftigkeit, Lüge und Dünkel bei den Lehrern sind unfähig, Vaterlandsliebe beim Schüler hervorzurufen. Daher ist die erste Bedingung zur Erreichung des Zieles, daß die Lehrer vor Allem offen und wahr in ihrem ganzen Wesen seien. Zweitens fordern wir zur Entwickelung der Vaterlandsliebe, daß die Schule die Großthaten der Nation in Festen feiere, Tage wie den 18. Ottbr, 10 Novbr, 5. December festlich begehe. Drittens soll das Turnen eifrig gepflegt werden, denn der Turnplatz fördert nicht allein die Gesundheit des Leibes, sondern auch die Mannhaftigkeit der Gesinnung, er stählt den Character. Viertens ist der Gesang nationaler Lieder zu cultiviren. So machten es schon die alten Griechen, und auch heute noch ist das Lied eines der mächtigsten Mittel zur Stärkung des Nationalgefühls. Wie reichen Segen hat Arndts: „Was ist des Deutschen Vaterland?‚ schon getragen! **Fünftens** ist es Aufgabe der Schule, in der Jugend das Bewußtsein zu wecken, daß sie einem **schönem Lande**, einem **großem Volke** angehöre. In diesem Sinne sei der **geographische**, der **geschichtliche** Unterricht, der Unterricht in der **deutschen National-Literatur** zu ertheilen, wie der Redner in einer Reihe anziehender Beispiele näher nachweist. Das **sechste** Erforderniß sei endlich, daß die Schule die Jugend in die ewigen Wahrheiten der **Religion** einführe, denn das deutsche Volk sei seinem innersten Wesen nach ein ächt **religiöses**, ein **christliches**. Christenthum sei vollendete **Humanität** und auf deren Förderung komme es vor Allem an. Er soll nicht ausschließlich konfessionell sein, sondern die **ewig wahre Religion der Liebe** zum Gegenstande haben. Aber freilich, das **Unterrichten** allein thut es nicht, auf den **Lehrer** kommt es an, sein Herz muß von demjenigen voll sein, was er lehrt, es muß ihn ein **deutscher Geist** beseelen. Zum Schlusse wendet sich der Redner noch einmal in eindringlicher Ansprache an die Lehrer. Seid **deutsch**, Ihr Lehrer, die Ihr durch Eure zahlreiche Anwesenheit bekundet, daß der Geist des Separatismus fern von Euch ist, seid deutsch in Eurem ganzen Wesen, in Euren Schulen gelobt, mit Wort und That deutsche Gesinnung nähren und pflegen zu wollen: dann wird auch in unserm Volke ächte Vaterlandsliebe immer herrlicher erblühen!"

Diese mit großer Wärme vorgetragene Rede machte auf die ganze Versammlung einen tiefen Eindruck und wurde mit rauschendem Beifall belohnt. — „Geistig reich begabter und redegewandter Mann, in dem jeder Blutstropfen ein **deutscher** ist, du bist werth, in Silber und dein Geist in Gold gefaßt zu werden!" so redete eine Stimme in mir. Kein Wunder, daß meine beiden lieben Nachbarinnen mit Auge und Ohr an dem begeisterten Redner hingen. O hätten wir mit den empfangenen, frischen Eindrücken die Versammlung verlassen und uns stillen Nachempfindungen in unserm Zimmer hingeben können! Wir blieben. Darf es befremden, wenn die folgende vorgelesene Abhandlung, über: „deutsches Volk, deutsche Schule, deutsche Lehrer," so mühsam sie gearbeitet und so reich sie mit Kraftstellen von Jean Paul u. A. geschmückt war, an uns fast spurlos vorüber ging! Wir konnten nicht dafür; unser ganzes Sein und Wesen war von **Schmidt** begeistet und **durchgeistet**. Hätte Redner es doch vorgezogen, seinen Vortrag nach einem solchen Vorgänger lieber zurückzuziehen! Oder ist es uns allein so ergangen?

Ich könnte hier diese Federzeichnung schließen, aber ich darf nicht, wenn das Bild der Wirklichkeit ähnlich sein soll. Es entwickelte sich nämlich eine lebensvolle Debatte, die mir noch einige die Federzeichnung vervollständigende und verschönernde Striche darbietet. Herr Pfarrer

Dr. Riede aus Neuffen (im Würtembergischen), früher Seminar-Director und als Schriftsteller durch seine „Erziehungslehre" und durch ein deutschsprachliches Werk als ein klarer Kopf und scharfer Denker von mir hochgeschätzt, trat mit dem sarkastischen Einwande hervor, daß er in dem vom Schulrath Schmidt entworfenen schönen Gemälde vaterländischer Gesinnung, doch eine kleine Lücke gefunden. Schmidt hat nationale Gedächtnißtage angeführt, welche die Schule zu feiern habe; er möchte diesen noch andere hinzufügen, deren Datum er jedoch noch nicht zu nennen wisse. Der erste sei der Tag, an welchem alle Confessionen — Protestanten, Katholiken und Israeliten, ihre vollkommene Gleichberechtigung erhalten haben würden; der zweite der Tag, an dem man gar nicht mehr fragen wird: Was glaubst du? sondern wie bist du und was thust du? Wenn ihm Jemand aus der Versammlung das Datum dieser Tage anzeigen könne, so werde er ihm dafür dankbar sein. Damit hatte Dr. Riede eine Saite angeschlagen, die in den Herzen aller Anwesenden erklang, die in einen dauernden Jubel und ein wiederholtes Bravo ausbrachen. Schulrath Schmidt war sichtlich erfreut darüber, dankte dem ehrwürdigen Herrn für die aufgedeckte Lücke, die er leider anerkennen müsse; er versprach, der Bitte eingedenk zu sein, und wünschte zugleich, dies doch recht bald thun zu können. — Hierauf ging ein leuchtender Stern, von Frankfurt a. M. kommend, auf. Herr Director Dr. Stern von daher betrat den Rednerplatz — ein Männchen von Gestalt, aber ein Mann von Geist, mit ernster Physiognomie, wohlgeschulter Zunge und fester, sonorer Stimme. „Zur Pflege der Vaterlandsliebe," sagte er, „ist vor Allem Kenntniß, Studium der deutschen Geschichte nothwendig. Wir wollen nicht blos eine Vaterlandsliebe der Empfindung, des Wortes, sondern der That. Um diese Kraft der Vaterlandsliebe zu pflegen, ist, wie bei allem Unterricht, vom Kleinen zum Großen, vom Bekannten zum Unbekannten fortzuschreiten. Daher ist das Nächste Pflege der Heimathsliebe, die Liebe zum heimathlichen Heerd, Dorf, Gau, Berg, Fluß, 2c. 2c.; dadurch wird nicht die Liebe zum großen Ganzen gehemmt, sondern im Gegentheil gekräftigt; ohne diesen Sinn für die nächste Heimath dagegen entartet die Vaterlandsliebe leicht in leere Phrase. Ein zweites Erforderniß ist die Pflege des Gemeinsinnes im engern Kreise: in der Schule, wie in der Familie, die Gewöhnung an gemeinsinniger Thätigkeit im Wohnort, Interessen andessen Geschicken, Bedürfnissen 2c. Dadurch werden feste Charaktere gebildet. Fehlerhaft dagegen ist es, allzufrüh und künstlich dem Kinde Vaterlandsliebe einflößen zu wollen. (Großer Beifall.) Der Stern hat sein Leuchtbehältniß mit Gas angefüllt, sprach ich leise für mich hin. Herr Janson, Director eines Töchter-Instituts in Bremen, eine angenehme Erscheinung, sanften Wesens, mit klugen Augen, die Treue verkünden, mit freundlichem Entgegenkommen und weiblicher Stimme, gewiß ein von seinen Schülerinnen geliebter Director — erhielt das Wort. Er erinnert daran, daß zur Pflege der Vaterlandsliebe vor Allem Gerechtigkeitssinn nothwendig sei, Gerechtigkeitssinn der verschiedenen deutschen Stämme gegen einander. Wir müssen uns bestreben, auch Andersartiges zu begreifen und zu lieben; die Bremer müssen auch Sinn haben für das süddeutsche Wesen, für das, was in Ulm, in München oder Triest volksthümlich ist, und umgekehrt müssen die Süddeutschen nicht das, was aus dem Norden kommt, für fremd und gleichgültig ansehen. (Beifall.) Spricht der liebe College denn aus Erfahrung? fragte ich mich; unsere süddeutschen Collegen schließen sich doch mit so großer Herzlichkeit an die norddeutschen an; oder ist's im Volke anders als bei den Lehrern? — Aller guten Dinge sind drei. Diesmal aber waren solcher guter Dinge vier; denn der deutsche Schweizer Zschetsche aus Zürich — ein ehemaliger Dresdner — ließ das Gewicht seiner Persönlichkeit den Rednerplatz fühlen. Wir kennen seine Bravheit, Tüchtigkeit, Charakterfestigkeit und Liebenswürdigkeit, trotz seiner furchterregenden Stentorstimme. Er schulmeisterte die Vorredner, in dem er bemerkte: Man solle nicht abschweifen, sondern beim Thema bleiben, welches lautete: „Was kann die Schule für die Pflege der Vaterlandsliebe thun?" Daß man im Kinde vor Allem Heimathsliebe wecken solle, sei richtig; aber für tiefe Einprägung einer vaterländischen Gesinnung sei erst der Jüngling fähig, der, namentlich bei der Volksschule, längst die Volksschule verlassen habe. An dieser Stelle sei nachzuhelfen, die Lehrer müßten sich auch um die Schüler noch kümmern, wenn diese die eigentliche Schule nicht mehr besuchen. Daher sollte man besonders den Besuch der Fortbildungsschulen pflegen und so die Jugend bis etwa zum 20. Jahre führen und auf die Pflege ihrer nationalen Gesinnung bedacht sein. Herr Zschetsche richtete daher an die Lehrer die Mahnung: Behaltet auch die erwachsenen Schüler im Auge; vereinigt sie zuweilen um euch, um Vaterlandsliebe in ihrer Brust zu nähren, damit sie, wenn sie zum Waffendienst berufen werden, ein klares Bewußtsein haben, wofür sie die Waffen führen. Solche Jünglinge stehen gern und freudig als Wachtposten vor dem Palast eines heißgeliebten Fürsten, wie wir hier in Baden uns zu überzeugen die Freude haben. (Viel Beifall.) Welcher erfahrene Lehrer wollte und könnte Herrn Zschetsche gründlich widerlegen! Er hat Recht. Auch ich hatte in dieser Angelegenheit Einiges auf dem Herzen; aber des Guten war schon genug, wenn nicht schon zu viel aufgetischt worden. Hier jedoch dürfte eine Mittheilung des im Verschluß gehaltenen nicht überflüssig sein. Darum will ich damit nicht hinter dem Berge halten.

Daß in mir ein warmes, patriotisches Herz schlägt, und daß ich als Lehrer in meinen Schülern und Schülerinnen jede Gelegenheit wahrgenommen, patriotische Gefühle zu erwecken und zu pflegen, das werden diejenigen, welche das Buch: „meine Erlebnisse als Schulmann" mit einiger Aufmerksamkeit gelesen haben, nicht bezweifeln. Ob ich aber die rechten Mittel ergriffen und angewendet, ob die festlichen Auszüge der Kinder, die angeordneten Festspiele im Freien, die Deklamationen patriotischer Gedichte u. s. w. nicht mehr geeignet waren, den Schülern ein Vergnügen zu machen, als dabei an das Vaterland oder an den Landesvater, den sie in seiner Liebenswürdigkeit noch nie vor die Augen bekommen, und von dem sie noch gar zu wenig wissen und kennen: darüber will ich nicht entscheiden. Mir scheint es aber, als könne man nur Den, Die oder Das lieben, der, die oder das man genau kenne und vom Wohlwollen derselben überzeugt sei. Die Huldigungen, die ein Kind seinen Eltern am Geburtstage darbringt, sind freie Darlegungen aufrichtiger Liebe, weil es dieselben genau kennt und deren Liebe empfunden hat. Dasselbe gilt von Ovationen, die man als Erwachsener irgend einer um das Gemeinwohl, oder um Kunst und Wissenschaft hochverdienten Persönlichkeit veranstaltet; hier ist Aufrichtigkeit in der thatsächlichen Verehrung. Aber auf höhern Befehl angeordnete, den Patriotismus (den engern, wie den weitern) zu belebende Feierlichkeiten und Feste in unsern Schulen müssen überall, als etwas Gemachtes, als etwas Erkünsteltes erscheinen, wenn besonders von den Gefeierten wenig Feierwürdiges bekannt ist. Wo zur Liebe kein Grund gelegt ist, da ist jede noch so glanzvolle Aeußerung durch Wort oder That gehaltlos; sie ist Heuchelei, sowol in der Familie, als in der Gemeinde, in der Schule, wie in der Kirche und im Staat. Hat der Redner nicht Recht, der da räth, die Erweckung und Pflege der Vaterlandsliebe erst im Jünglingsalter eintreten zu lassen? Und müssen wir nicht auch auf die Seite des Redners treten, der den Familiensinn, den Gemeinsinn, den Sinn für die Heimath vor Allem geweckt und gepflegt wissen will? denn in der aufrichtigen Liebe zum Hause (Vater, Mutter, Geschwister und sonstigen Verwandte), zur Schule mit ihren Lehrern, zur Kirche mit ihren Seelsorgern, zur Gemeinde mit ihren Vätern und Patronen liegt die Wurzel zur Liebe zum Landesvater, resp. zum Vaterlande. — Schulrath Schmidt hat vollkommen Recht, wenn er an den Lehrer die Forderung stellt, den Patriotismus seinen Pflegebefohlenen vorzuleben. Aber schauen wir dieser Forderung schärfer ins Auge und versetzen wir uns einmal von dem idealen Standpunkte eines Lehrers auf den realen. Wie das Leben stärker ist als die Schule, so ist die Wirklichkeit mächtiger als das Ideal. Ich kannte einen trefflichen Mann und Lehrer, der mir befreundet war und der jetzt in einer Provinz ein vielgeltender Schulrath ist. Von diesem ist mir eine schon vor zwanzig Jahren gethane Aeußerung in der Erinnerung geblieben. „Es ist, lieber Freund," sagte er, „sehr schwer ein Patriot zu sein und ein volles, warmes Herz für die vaterländische Regierung zu behalten, wenn es hier (er zeigte mit beiden Händen auf seine Westentaschen) leer, öde und wüste aussieht." Er war Vater von sechs Kindern. Machen Sie hiervon eine praktische Anwendung auf die Lehrerverhältnisse und -Zustände. Wie lange schon petitioniren die Lehrer um die Verwirklichung des Gesetzes der Gleichberechtigung mit andern Beamten des Staates? Wahrlich, sie haben eine schwere Schule der Geduld durchzumachen! Von allen Seiten Abhängigkeit, oft drückende Abhängigkeit: von oben wie von unten; von der Seite rechts, wie von der Seite links; von vorn, wie von hinten.

Da ist der Ministerialrath, der Provinzial- und Regierungsschulrath, der Kreisschulen-Inspektor, der Landrath, der Revisor, der Gemeinderath ꝛc. — Alle haben das Recht, an dem Lehrer zu mäkeln. Die erbetene rechtmäßige Verbesserung seiner Lage wird ihm, wie einem kranken Kinde theelöffelweise dargereicht. Also schwere Pflichten und wenig Rechte; dazu zum Niedrigbleiben verbannt, keine Hoffnung zum Steigen, Ausschließung von der Mitgliedschaft in der Schulen-Deputation resp. Schulrath (in Baden ausgenommen), immer und immer Maßregelungen auf grundlose Verdächtigungen, Zurücksetzung wegen scheinbar übel gemeintem Widerspruch, fort und fort hungernde Kinder und weinende Wittwen, die mit einer Unterstützung von kaum 2 Sgr. täglich bestehen sollen, Nothwendigkeit durch Nebenerwerb seinen Unterhalt zu sichern. Dazu Ueberwachung seiner Lektüre, Octroyirung von Lehrbüchern, Lehrgängen, und sogar Lehrformen und Stoffplänen u. s. w. Versagung auf Erreichung einer höheren Bildung, Verspottung der Schulmeister im Herrenhause von hoch- und warmsitzenden Herrenhausmitgliedern ꝛc. — Ich frage: ist es da nicht schwer, sehr schwer patriotische Gefühle zu nähren, und noch schwerer solche zu erwecken durch Vorleben derselben? — Endlich blicken wir auf das Haus! Was hören hier die Kinder? Nimmt sich der Vater in Acht in Gegenwart seiner Kinder über die Schul-, Gemeinde- und Staatseinrichtungen abzuurtheilen, die Landesbehörden bis zum Landesfürsten hinauf herabzuwürdigen? die patriotischen Bestrebungen der Lehrer zu bespötteln? — Wie soll sich da ein Lehrer verhalten, wie Patriotismus vorleben? —

Noch Eins liegt mir auf dem Herzen — noch ein Hinderniß in der Pflege der Liebe zum deutschen Vaterlande durch Haus und Schule muß ich zur Sprache bringen. Herr Schulrath Dr. Schmidt betonte in seinem glänzenden Vortrage auch die Pflege der Muttersprache und redete mit Fug und Recht warm der Pflege der deutschen National-Literatur das Wort. Aber sehen wir nur in das Leben, namentlich in das der höheren Stände. Schämt man sich hier nicht des Gebrauchs der Muttersprache? Wird nicht mit dem Kinde auf dem Arm der Mutter und der Kinderfrau schon parlirt? Muß nicht schon früh eine sogenannte Bonne, die kein Wort deutsch kann, mit dem Kinde in fremdländischer Sprache verkehren? Ist es nicht in sogenannten vornehmen Häusern verpönt, in der Muttersprache seine Gedanken und Gefühle auszutauschen? Wird nicht schon möglichst früh in den Schulen der Unterricht in einer fremden Sprache vorgenommen, gehegt, gepflegt und theuer bezahlt, während man die Pflege des Deutschen in den Hintergrund drängt und keinen Thaler für dieselbe opfert. Liegt den deutschen Eltern nicht mehr daran, daß ihre Söhne und Töchter mit den französischen Klassikern vertraut werden, während sie Ignoranten in der Kenntniß der deutschen Männer wie Klopstock, Herder, Wieland, Kleist, Schiller, Göthe bis auf Geibel herab bleiben? Beim Ruf nach Deutsch! Deutsch! rümpft man verächtlich die Nase; aber wie glänzt das Auge, wenn man selbst im elendesten Französisch seine Gedanken geboren werden läßt! Gott sei's geklagt! Die Liebe zur Muttersprache wird ausgerottet und damit auch der Liebe zum Vaterlande das Grab bereitet: O Arndt, Jahn und Uhland möchtet ihr euch nicht im Grabe umdrehen. Verschrobenes, vornehmes Geschlecht! rufen sie aus den Gräbern den Todtengräbern des Deutschthums zu. —

Und doch ist das Bestreben der Lehrer, hier der guten Sache nach Kräften und unter erschwerten Verhältnissen zu dienen, seinem Gewissen und dem Vaterlande gerecht zu werden, vorhanden. Muth, meine lieben Collegen, Muth! Wacht über der Bewahrung eures Patriotismus und thut immer, was ihr nicht und niemals unterlassen könnet und dürfet vor Gott und den höheren Interessen des Vaterlandes.

Ich könnte hier meine Federzeichnung schließen, wenn ich nicht noch des Schlußwortes des Hauptrednerd (Dr. Schmidt) gedenken müßte. Derselbe gab seine Zustimmung zu dem, was von den verschiedenen Rednern, namentlich von Stern und Riecke seinem Vortrage ergänzend hinzugefügt worden war, und wies in Begeisterung und begeisternd auf zwei Männer hin, in denen neben Schiller die Vaterlandsliebe am herrlichsten zur Entwickelung gekommen sei, auf **Fichte** und **Lessing**. (Beifall, Beifall.) Ich gedachte im Stillen noch des Schwaben **Uhland**. — —

4. Die vierte Federzeichnung

wird uns ein nicht minder Geist und Gemüth ansprechendes Bild aus der Trinitatis-Kirche liefern, nicht etwa dashalb, weil der Federzeichner in der einstündigen Zwischenpause, in welcher er mit vielen Andern an einem Tische gesessen hatte, der andere Genüsse, freilich auch benöthigte und darum ersehnte, darbot; sondern weil der Gegenstand des Ansprechenden und Anregenden so viel enthielt.

Der Verkündigung unsers Präsidenten gemäß, sollten wir von dem (schon zweimal in diesen Federzeichnungen genannten) Herrn Pfarrer Dr. **Riecke** aus Reuffen (Würtenberg) über den elliptischen Satz: „**Die Volksschule — eine Denkschule**" aufgeklärt werden. Der hochehrwürdige Herr hatte sich schon kurz vorher den Weg zum Rednerplatz geebnet; und da er ein Mann der Kanzel ist, der wol schon tausendmal vor so viel Köpfen geredet hat, so brauchten seine Lippen nicht zu beben und seine Glieder nicht zu wanken. Ueberdies hatte sein Thema nicht blos ein ganzes Jahr im Schreibpulte gelagert, sondern war schon lange vorher in seinem Kopfe gereift. Ja, das ernste Antlitz dieses körperlich mittelgroßen Herrn ging in Freundlichkeit über, als er mit sonorer Stimme seinen Gedanken Worte verlieh. Ihm durfte nicht zugerufen werden: lauter! der Prediger-Ton drang nach allen Seiten hindurch; man wurde auch nicht zur Athemlosigkeit gleichsam gehetzt, denn er sprach gleichmäßig langsam und gemessen. In den Händen aller Zuhörer befanden sich gedruckte Thesen über das Thema, die in dieser Federzeichnung füglich nicht fehlen dürfen. (s. w. u.) —

Herr Dr. **Riecke** wies auf die große Wichtigkeit hin, die sein Thema für die Schulen aller Art, ganz besonders aber für die **Volksschule** habe. Es handle sich, sagt er, hier weniger um eine **Methode** als um ein **Prinzip**, nämlich um das Prinzip, ob die Volksschule eine **Denkschule** oder bloße **Gedächtnißschule** sein soll. Letztern fehle das Leben, denn Denken heißt Leben und Leben könne ohne Denken nicht bestehen. Der Redner wolle zwar dem Gefühle und dem Willen ihr volles Recht widerfahren lassen und das Denken nicht von jenen isoliren; allein der Gedanke sei das Auge, ein blindes Gefühl und ein blinder Wille seien verderblich. Wer der Wärme des Gefühls und der Thatkraft des Willens ihre Bedeutung sichern will, muß vor Allem dahin wirken, daß der Mensch wahr und klar denken lerne. Das Ziel der Schule sei, den Schüler zur Selbstbestimmung und zur Selbstthätigkeit zu erziehen; dazu gäbe es keinen andern Weg als den des Denkens. Alle Erziehung soll zur Selbstbestimmung befähigen, der Mangel daran ist das Unglück der großen Masse. Wollen wir unsere Jünglinge selbstständig machen, so müssen wir sie zu selbstdenkenden Wesen erziehen. Das ist der Kern des Unterrichts. Ohne Anregung des Denkens sei die Beibringung der Kenntnisse nur ein Abrichten, eine Dressur. Vorstellungen, ohne daß sie Gedanken geworden, sind nichts nütze: wer zur Gedankenlosigkeit den Schüler erzieht, verdirbt ihn. Der Redner beseitigt alsdann den oft gehörten Einwand, daß auf diesem Wege nur eine formelle Bildung erzielt werde, indem er nachwies, daß der Gedanke keine bloße Form, sondern, daß er real, und zwar so real, wie der Geist selber sei. Unser Volk leide noch einem großen Theile nach an Gedankenlosigkeit, das zeigt der noch so weit herrschende Aberglaube. Diese Gedankenlosigkeit ist nach allen Seiten hin ein großes Unglück, denn ein gedankenloses Volk sei ein Sklavenvolk; ein denkendes Volk aber lasse sich nicht knechten. An dieser Gedankenlosigkeit des Volkes hat die Schule selbst einen großen Theil der Schuld, sowohl durch das, was sie gethan, als durch das, was sie unterlassen hat. Die Volksschule ist noch keine Denkschule bei uns geworden. —

Der Redner erfreute sich der größten Beifallsbezeugungen. Es wurden nun noch folgende Thesen von ihm verlesen:

„Die Volksschule — eine Denkschule.

1. An die Gedankenlosigkeit im Glauben, Urtheilen und Thun, woran der größte Theil unseres Volkes noch leidet, trägt die Volksschule theils durch Unterlassungs-, theils durch Begehungssünden eine nicht unbedeutende Mitschuld.

2. Denken kann nicht durch Regeln, sondern nur durch Uebung, nämlich durch Gewöhnung, jede leibliche und geistige Thätigkeit denkend zu verrichten, gelehrt werden.

3. Der Mechanismus des Lernens ist der Tod des Denkens. Dagegen kann und soll der Mechanismus des Thuns Frucht des Denkens sein.

4. Unsere Schulen sind mehr darauf eingerichtet, den Schüler zu gewöhnen, sein Lerngeschäft gedankenlos als denkend zu vollziehen.

5. Unter den Ursachen, welche die Gedankenlosigkeit des Schülers

beim Unterrichte begünstigen, stehen in erster Reihe: Man hilft zu viel beim Lernen, man begnügt sich zu viel mit nachgesprochenen Worten, man beruhigt sich zu viel mit bloßem Gedächtnißwissen.

6. Das bloße Dociren (Vordemonstriren) der Gründe für eine Wahrheit kann im Augenblicke Gedanken erregen, aber es gewöhnt nicht an selbstständiges Denken. Nur die heuristische Lehrform ist wahrhaft zum Denken anleitend.

7. Das Gedächtniß ist die Rüst- und Schatzkammer der Denkkraft. Was nicht gedacht werden kann, ist nicht werth oder noch nicht reif, in diese Kammer niedergelegt zu werden. Uebung des Gedächtnisses und der Denkkraft müssen daher Hand in Hand gehen. Das Gedächtniß muß in den Dienst der Denkkraft gestellt werden. Die Pflege des Gedächtnisses ist ein integrirender Theil der Denkübung. Wo die Pflege des Gedächtnisses die Denklust des Kindes nicht erregt, sondern unterdrückt, da hat sie mehr Schaden als Nutzen gestiftet.

8. Man war bisher mehr darauf bedacht die Unterrichtsweise (Methode) vom Mechanismus zu befreien, als den Unterrichtsinhalt zur Denkübung (realem Denkstoff) für den Schüler zu machen.

9. Die Uebung im Denken in besondere Schulstunden verlegen zu wollen, heißt Zweck und Mittel der Denkübungen gleichmäßig verkennen. Der ganze Schulunterricht muß Denkübung und alle Thätigkeit des Schülers Denkgewöhnung sein.

10. Jeder Unterrichtsgegenstand kann zur Uebung des Schülers im Denken oder in der Gedankenlosigkeit beitragen. Damit Ersteres der Fall sei, muß in der Schule nicht etwa nur denkend gerechnet, sondern auch denkend gelesen, denkend geschrieben, denkend gesprochen, denkend memorirt so wie an ein denkendes Auffassen der Wahrheiten der Religion, der Geschichte und Naturkunde gewöhnt werden. Das kann ohne eine Reform des Schulunterrichtes nach Inhalt, Umfang und Methode nicht geschehen.

11. Der Mensch denkt in der Sprache, Trennung von Sprechen und Denken, von Wort und Gedanke, führt nothwendig zur Gedankenlosigkeit. Den Schüler zu gewöhnen, nicht zu reden ohne zu denken, und mit jedem Worte den richtigen Gedanken zu verbinden, ist Aufgabe für jeden Unterricht ganz besonders aber für den Sprachunterricht.

Es traten nunmehr die Debatten ein. Herr Dr. Clemen sprach zur Sache Gehöriges gut, indem er bemerkte, daß ihm der eben gehörte Vortrag darum besonders gefallen habe, weil er Wahrheiten ausspreche, die schon bereits vielfach zur Wirklichkeit geworden seien. Die Schule sei bereits an vielen Orten zur wirklichen Denkschule geworden. Eine einzelne Schule oder mehrere einzelne Schulen eines Landes seien jedoch noch nicht die Volksschule überhaupt. Die Schule wird sich so lange zu keiner Denkschule d. h. zu einer Schule, in welcher die Kinder im Denken, im bewußten Denken geschult werden, gestalten, so lange man den Geist der Schule mit einem Stoffe zu nähren sucht, der seinem Inhalte nach die Entwickelung mehr unterdrückt, als fördert. Neben dem Wissen muß auch auf die Fertigkeit in der Ausübung des Bewußtgewordenen gesehen werden. Wissen und Können oder Kennen und Wissen müssen eine Einheit bilden. Für diese Einheit ist in unsern Schulen noch viel zu thun. — Der nunmehr in die Debatte tretende Herr Oberlehrer Spengler aus Mannheim scheint den Nagel auf den Kopf getroffen zu haben, wie aus den vielen Beifallsbezeugungen, die seine Worte hervorriefen, zu schließen war. Von der äußeren Erscheinung dieses biedern Herrn kann man keinen zutreffenden Schluß auf seine Charaktereigenthümlichkeit und humoristische Begabung ziehen. Er spricht ernst, in einem schulmeisterlichen Tone und ohne Markirung der Gesichtsmuskeln, kurz, bestimmt und vergleichungsweise. Schlagwörter stehen ihm zu Gebote ohne daß er darnach hascht. Und wenn sie ihre Wirkung gethan, so richtet sich sein braunes Auge verwundernd auf die Beifall spendenden Versammelten dabei ohne eine Miene zu verziehen. Ob ich richtig gesehen und empfunden und denselben wahr gezeichnet, mögen Andere beurtheilen. Dieser liebe College brachte Leben in die schon etwas matt gewordene Zuhörerschaft. Er sprach über die Hindernisse, welche dem Gedeihen der Volksschulen als Denkschule entgegenstehen. Zunächst fand er die Ursache in den Eltern, die zu früh greifbare Resutate sehen wollen; die Eltern können es nicht erwarten, daß ihr Söhnlein oder Töchterlein von einem Unterrichte Früchte aufweisen, bevor der Same des Unterrichts Wurzel gefaßt hat. Ob es z. B. denkend rechnen gelernt, darauf kommt bei ihnen nicht viel an, wenn es nur mit recht vielzifferigen Zahlen zu manipuliren versteht. So in allen anderen Lehrgegenständen. (Beifall) Viele Lehrer kommen der Eitelkeit der Eltern willfährig entgegen. Das zeigen die öffentlichen Prüfungen, bei denen es darauf abgesehen ist, daß die Kinder Schlagfertigkeit in Antworten an den Tag legen, und wenn da Alles klippt und klappt, dann ist der Lehrer ein gemachter Mann (Viel Beifall, bei mir jedoch Befremden erregend über diese beifällige Selbstverurtheilung des Strebens der Lehrer.) Ein anderes Hinderniß fand Sp in dem Mangel an Leitern des Volksschulwesens durch Fachmänner. Die Schule wird von Männern regiert, die keine Schulleute sind. Die Militair-Institute stehen unter sachkundigen Persönlichkeiten aus dem Militairstande, die Rechtsgerichte erfreuen sich eines Ministers, der selbst von Haus aus von der Pike an ein Jurist gewesen und geblieben ist; die Kirche würde sich sträuben, wenn der oberste Wächter derselben ein Militair wäre u. s. w. Nur die Schule ist das einzige Institut, das der fachmännischen Leitung entbehrt. Herr Sp. führte ein trivial klingendes aber schlagendes Beispiel vor. „Wenn mir," sagte er, „ein Paar Stiefel zum Kauf angeboten werden, so werde ich bei noch so genauer Besichtigung doch nicht ermitteln können, was an den Stiefeln mangelhaft ist; wenn aber ein Schuhmacher-Meister den Stiefel in seine Hand nimmt, so wird er durch seine Manipulationen an der Sohle augenblicklich sagen können, ob es eine **Brandsohle** sei oder nicht. (Rauschender, anhaltender Beifall.) Sehen Sie, so ist's mit der Leitung der Schule. Die bisherige Verwaltung hindert, daß sie eine Denkschule werde. Werden dagegen die Leistungen der Lehrer durch sachkundige und erfahrene Vorgesetzte erforscht, so wird es nicht vorkommen, daß ihnen unpraktische und von den Zöglingen nicht denkend zu erfassende Stoffe zur Behandlung vorgeschrieben worden. Aber auch die **Lehrer** verschulden das Nichtaufkommen der Denkschule; sie gehen in dem, was sie treiben zu weit, fordern einerseits zu viel, andererseits zu wenig; sie schrauben die Schüler und vergessen, daß für die Kinder Milch, für die Alten aber Wein zur Stärkung und Kräftigung gehört. Es soll das neunjährige Kind mit geistiger Speise genährt werden, die kaum das vierzehnjährige verdauen kann. Des **Memorirstoffes** giebt er zu viel, des **Denkstoffes** zu wenig. Die Volksschule kann ferner deswegen auch keine Denkschule werden, wenn die Lehrer keine **Denker** sind." Und daß viele Lehrer das Denken scheuen, davon erzählte Spengler ein Beispiel aus seiner jüngsten Erfahrung. Einen Collegen, mit dem er zusammentraf, fragte er, welche Zeitungen oder Zeitschriften er lese, und erhielt zu seiner Ueberraschung die Antwort: „weder eine Zeitung noch eine Zeitschrift." „Du bist auch kein Denker!" dachte ich bei mir selbst, sagte Spengler. (Wieder großer Beifall.) Das Endresultat dieser Debatte war, daß Sp. in der gegenwärtigen Volksschule keine Denkschule zu erblicken vermochte. — Was ich hier gezeichnet, sind nicht genaue Uebereinstimmungen mit den Worten des Redners; aber die Sache d. h. den Inhalt habe ich möglichst treu aus der Erinnerung wiedergegeben. —

Nunmehr bekommen wir einen ganz andern Mann zu sehen und zu hören — einen Mann, der durch das Interesse, mit welchem er den Versammlungen beiwohnte, und der sich stets nahe an dem Rednerplatze aufstellte, meine Aufmerksamkeit auf sich zog. Sein Kopf hatte ein morgenländisches Gepräge — dunkles Haar, schwarze feurige Augen, gebräunte Gesichtshaut, dünnlippig geformter Mund, lebhaftes Wesen. Er huldigte ohne Zweifel einer ihn kennzeichnenden religiösen Richtung. Herr **Lohrer**, Schulvorsteher aus Mosbach, sprach mit Entschiedenheit gegen das Prinzip, daß in der Volksschule einzig das **Denken** gepflegt werden solle. Das Kind sei nicht blos ein denkendes, sondern auch ein **fühlendes und wollendes Wesen**. Man dürfte das **Fühlen und Wollen** nicht übersehen, auch das müsse gebildet werden.

3

„Vieles sei," behauptete er, „in der Volksschule in die Seele des Kindes auf Hoffnung zu pflanzen." Der Lehrer habe in dieser Hinsicht in dem Landmann ein Vorbild. Auch dieser bringe den Samen in den Erdboden und überlasse das Weitere Dem, der zu Allem das Gedeihen gebe, er säet auf Hoffnung. Das Denken zum einzigen Prinzip des Schulunterrichts machen zu wollen, sei falsch. — Die laute Mißbilligung der in großem Eifer gesprochenen Worte störte den Redner nicht, und die taktvolle Zusprache des Präsidenten, so wie die Bitte an die Versammlung, den Redner fortfahren zu lassen, ermuthigte den Herrn L. zur Fortsetzung, und was er noch vortrug versetzte die Zuhörer in eine ruhige Stimmung. Herr L. war von dem, was er sagte, durchdrungen; die Wärme, die ihn beseelte, erzeugte eine körperliche Haltung, die dem Emporschwingen eines auf Sprungfedern Stehenden ähnlich war. „Jedem das Seine!" dachte ich.

Sehr treffend waren auch die Worte, welche Herr Direktor Janson aus Bremen gegen die Bevorzugung des Prinzips der Volksschule als Denkschule sagte: er ist der Meinung, daß die Schule auch eine Uebungsschule für's Leben sein solle; auf die Pflege der Willens- und Thatkraft neben dem Denken ist das Hauptgewicht zu legen. In Betreff des Religionunterricht's wünsche er, daß die erwähnten Prinzipien auch auf diesen Anwendung finden möchten; selbst da, wo Schule und Kirche sich in dieses Gebiet theilen, können die beiderseitigen Interessen in gedeihlicher Weise gefördert werden; er berief sich dabei auf Bremen. — Mit vielem Beifall der Versammlung geißelte Dr. W. Lange aus Hamburg in körperlich und geistig lebhafter Weise die Bestrebungen reactionärer Pädagogen, welche auf die Niederhaltung des selbständigen Denkens hinarbeiten. Ich bedauere, daß ich aus der Erinnerung seine so schnell ausgesprochenen Kraftworte nicht treu wiederzugeben im Stande bin; nur so viel erinnere ich mich, gehört zu haben, daß diese so genannte „brennende Frage" den Einen als unzeitmäßig, den Andern, als sehr zeitgemäß erscheine, je nachdem sich der Einzelne in der Süd- oder aber in der Nordströmung des deutschen Meeres befinde; und er, als Nordstromschwimmer, rufe sein Ceterum censeo: die Volksschule solle eine Denkschule werden, überall wo sie es dermalen nicht sei. — Außer Herrn Lohrer trat noch ein Herr Guericke aus Schwelm (Rheinpreußen) gegen das vorwaltende Prinzip der Volksschule als Denkschule auf, ein noch junger Mann, in dem das, was er sagen wollte, wol noch nicht zur Reife gediehen war; die Versammlung schien die Geordnetheit der Gedanken zu vermissen und gab das wiederholentlich zu erkennen, was den Redner befangen zu machen schien. Der Herr Präsident fand sich veranlaßt, ihm das Wort zu sichern. Es mag wol an mir gelegen haben, daß ich als Haupteindruck nur den Gedanken aufgefaßt, daß dieser Redner sich ebenfalls dahin erklärte: „Das Denken dürfe nicht einzig das Prinzip der Schule sein." Und wenn es anfangs schien, als rede er der neuen Regulativ-Pädagogik das Wort, so überraschte mich die Wendung seiner Einwürfe und das Ende derselben. Herr G. tadelte nämlich den Gegensatz, und sprach die Behauptung aus, daß durch nichts mehr der Denkschule entgegengetreten werde, als durch die Art, wie der Religionsunterricht in der neuesten Zeit vielfach ertheilt werden solle; das Gedächtniß werde leider mit unverarbeitbarem Stoffe überfüllt. Durch diese Anklage schien die Versammlung sich mit Herrn G. wieder ausgesöhnt zu haben. — Die nun folgenden Einwendungen berührten weniger das Riecke'sche Thema, als die Spengler'sche Auslassung über die Prüfungen. Herr Director Dr. Denhard aus Hanau, eine ansprechende äußere Persönlichkeit verbunden mit Mildheit in der Gesinnung, fand die Anschuldigung, daß die Lehrer auf das „Klippen und Klappen bei öffentlichen Prüfungen hinarbeiteten," nicht zutreffend, ja zu hart und wol gar ungerecht. Kein rechtschaffener Lehrer handle so unredlich. Da von dem Ausfall der öffentlichen Prüfung die Zukunft des Lehrers abhängt, weil darauf die Freudigkeit in seinem Beruf basirt ist; so erfordert es die Erhaltung der Ehre, dafür Sorge zu tragen, daß das Publikum eine vortheilhafte Meinung von seiner Thätigkeit gewinne. Er wird darum Alles, was in dem Semester behandelt worden ist, so zu befestigen suchen, daß weder die Schüler, noch er selbst in Verlegenheit gerathen, und die Anwesenden nicht verletzt, aber auch nicht getäuscht werden. (Beifall.) Und wenn nun noch der brave Dr. Meier aus Lübeck sich auf den Rednerplatz begab, und in cato'scher Kürze in die Versammlung rief: „Nicht Schulprüfungen werden abgehalten, sondern Schülerprüfungen angestellt!" so ließ er damit eine Leuchtkugel über uns aufsteigen, die Licht zu weiterem Nachdenken, das jedem überlassen blieb, verbreiten sollte.

Angeregt durch so viel Gutes, das ich vernommen, arbeiteten die in mir erweckten und genährten Ideen nach Außen hin; aber ich verwies sie zur Ruhe; sie gehorsamten ihrem Herren, der Vernunft. Hier setze ich sie in Freiheit.

„Es ist mir, lieben Freunde und Collegen, mit dem Riecke'schen Thema und Vortrage ergangen, wie bei dem Berthel'schen auf der Geraer Lehrerversammlung, die formale und materiale Bildung betreffend. Wie dieses Thema, so glaubte ich auch von dem: „die Volksschule — eine Denkschule," es verstehe sich die Forderung von selbst, die Sache liege als eine ausgemachte längst hinter uns. Auf die Fragen: „Ob formale oder materiale Bildung" und: „ob Denkschule oder Gedächtnißschule" habe ich nur eine Antwort, welche so lautet: „weder das Eine noch das Andere in ausschließlicher Weise." Vor 70 Jahren ist der Satz: „Die Volksschule — eine Denkschule" zeitgemäß gewesen. Die Fahne zur Denkschule pflanzte der edle v. Rochow auf. „Denkübungen — Denkübungen oder

Verstandesübungen — Verstandesübungen," so lautete damals das pädagogische Feldgeschrei. Den damaligen Gedächtnißschulen war von Basedow der Sarg gezimmert worden. Durch Pestalozzi erhielten die in das Abstracte ausartenden „Verstandesübungen" eine feste Grundlage in dem von ihm in's Leben gerufenen „Anschauungsunterrichte". In den Seminarien trat eine Reform ein, in denen nach Pestalozzi's Grundsätzen die jungen Leute zu denkenden Lehrern gebildet wurden. Vor Männern wie Dinter, Denzel, Diesterweg, Graser, Harnisch, Stephani und vielen andern zieht gewiß jeder in dieser Versammlung ehrerbietig den Hut; und selbst unser verehrter Riecke hat als Seminar-Direktor gewiß nur denkende Zöglinge zu Lehrern gebildet, was sein Sprachunterrichtsgang und seine Erziehungslehre darthun, der Männer nicht zu gedenken, die unsere Versammlung durch ihre Anwesenheit zieren, und die bisher durch Wort und Schrift der Gottesgabe — dem Denken fort und fort Altäre bauen und gebaut haben. — Wer zu den Füßen jener Männer gesessen und dennoch seine Schule nicht zur Denkschule erhoben hat, dem muß, jenen gegenüber, die Schamröthe in's Gesicht treten. Ich vermag es nicht zu begreifen, wie Lehrer, aus den Seminarien jener Zeit hervorgegangen, anders in ihrem Arbeitsfelde wirken können, als in und an Allem und Jedem die Grundkräfte der Seele ihrer Schüler — Fühlen — Denken — Wollen gleichmäßig und einheitlich zu wecken, zu üben und zu bilden. Nicht ohne Grund ist hier das Denken in die Mitte gestellt, ihm zur Linken steht das Fühlen und zur Rechten das Wollen. Das Denken macht den Kern aus. Kein Fühlen ohne Denken, und ebenso kein Wollen ohne Denken. Das Denken ist das Auge sowol für's Fühlen als für's Wollen. Es ist in den Debatten wiederholentlich der Religionsunterricht betont worden, gleichsam als sollte dieser dem Denken gegenüber gestellt werden. Das vernünftige Denken basirt auf dem religiösem Gefühl und eine vernünftige Religion ist immer auch eine Denkreligion. Ein Mann wie Riecke muß aber einen Grund für die Wahl seines Themas gehabt haben: Riecke hat ein weitsehendes Auge, ein feines Gehör und eine scharfe Nase. Es ist ihm darum nicht entgangen, daß auf den Lectionsplänen der Schulen der Neuzeit die Rubrik: „Denkübungen" hat gestrichen werden müssen, und daß den Revisoren und Superintendenten der Befehl zugegangen, „besondere Uebungen im Denken" nicht zu gestatten. Er hat gesehen und gehört, daß die Gedächtnißpflege durch ein vorgeschriebenes Maß von Memorirstoff bevorzugt, die „Denkpflege" aber durch die Beseitigung des formalen Prinzips im Unterricht in den Hintergrund gedrängt wird. Die Reaktion in der Pädagogik erblickt nämlich in der Denkschule die Weckung und Pflege des Dünkels, des Hochmuths, der Aufgeblasenheit, der Widersetzlichkeit, des Unglaubens u. dgl. Der Wissens-Dünkel, aus der „Gedächtnißpflege" hervor gegangen, ist häufiger als die Eingebildetheit aufs Denken. Schwach- und Dummköpfe sind keine Denkköpfe. Ein guter Kopf ist ja überall zu Hause, aber der Schwach- und Dummkopf kommt in der Welt überall fort d. h. man läßt ihn stehen, sitzen oder liegen, wo er steht, sitzt oder liegt. Wir praktische Lehrer wissen aus Erfahrung, daß Gott selbst dafür gesorgt hat, daß die Bäume nicht in den Himmel wachsen; wir wissen, daß die Volksschule mit ihren Schülern bis zu 14 oder 15 Jahren das Denken nicht zu jener schwindelnden Höhe hinauf zu schrauben im Stande ist, daß durch Denkübungen jene genannten Höllengeister hervor gerufen würden. Wenn die Volksschule ihre Schüler entläßt, so sind diese erst am Ende des Anfangs im Denken angelangt; jene gefürchteten

Unholde haben ihre Geburtsstätte und ihre Wiege wol anderwärts gehabt. Man erlasse eine noch so strenge Verfügung gegen die Denkschule: dem wahrhaft gebildeten, d. h. dem vernünftig denkenden Lehrer geht es, wie dem Galilái — er ballt die Faust in der Tasche, stampft mit dem rechten Fuße, wendet seinen Kopf zur Seite und ruft verbissen für sich hin: „Und doch soll meine Schule eine „Denkschule" und meine Schüler sollen „Denkschüler" sein." Oder er spricht mit Luther der hohen Versammlung gegenüber: „Hier stehe ich, ich kann nicht anders, meine Schule soll eine Denkschule sein, Gott helfe mir! Amen. —

Wie die Versammlung meinen Erguß des Herzens aufgenommen haben würde, kann ich nicht wissen, hoffe aber, daß in ihm nichts Wahrheitswidriges enthalten sei. —

Originell war das Schlußwort des Herrn Dr. R. „Er komme sich," sagte er, „vor, wie ein begossener Pudel; er wolle es aber auch so machen wie dieser, und sich nach links und rechts gehörig **abschütteln**." Gegen einzelne unrichtige Auffassungen seines Vortrages suchte er sich zu rechtfertigen. Die Denkschule, wie **er sie wolle**, schließe keineswegs **Pflege des Gefühls und Wollens** aus; aber das Fühlen und Wollen sollen eben ein klares und bewußtes, kein gedankenloses sein. Gegen den Herrn, der das Gleichniß von dem Landmann, der auf Hoffnung säe, vorgeführt habe, sehe er sich gedrungen, zu bemerken, daß der Landmann doch nicht ohne Weiteres auf Hoffnung säe; es beschäme derselbe vielmehr manchen Lehrer in der sorgfältigen Prüfung und Zubereitung seines Ackers, in der Erwägung des Samens, ob er sich für diesen oder jenen Boden eigne, und in der Berücksichtigung nicht nur der Jahreszeit sondern sogar des Monats. So habe sein „Säen auf Hoffnung" doch Grund — Von herzlichen Beifallsbezeugungen begleitet, verließ der witzige Herr Pfarrer den Rednerplatz und empfing auch noch die von dem Herrn Präsident ausgefertigte günstige Quittung der Anerkennung des anregenden Vortrags. —

Was nun folgte, nahm eine ungeschwächte Denkthätigkeit der Versammlung in Anspruch; aber die war den Gesetzen der Natur gemäß schon sehr geschwunden, denn „wo das Herz sich thut laben, da will der Magen auch was haben"; wir saßen ja schon tief in den Nachmittagsstunden. Als aber angekündigt wurde, daß uns noch $\frac{1}{2}$ Stündchen Zeit zu Gebote stände, welche Herr Schulrath Dr. Stoy aus Jena durch einen kurzen Vortrag über die „Pädagogik Uhlands" ausfüllen wolle, da wurde die Versammlung wieder straff, d. h. begierig zu hören, was Uhland, der sich auf dem Gebiet der Pädagogik nicht bemerklich gemacht hatte, darin geleistet habe. Herr Dr. Stoy hatte wie ein kundiger Bergmann die Goldkörner aus Uhlands Bergschacht gesammelt und zu einer schönen Schnur gereihet. Gern zierte ich diese Federzeichnung mit einem Stoy'schen Goldschnürlein, wenn es mir nicht von

Freund **Wagner** aus Dresden entrissen worden wäre, der es sicher nicht einkästeln, sondern in der Lehrerzeitung zur Schau ausstellen wird. — So war denn die ersehnte Zeit nach dem Mittagsmahl (3 ½ Uhr) eingetreten, und ich vermag die fröhliche Stimmung nach so geistvollen Vorträgen, die so schön friedlich erledigt worden waren, nicht in die Federzeichnung zu bringen. Es war ein Gewimmel ohne Getümmel, ein Strömen nach fünf Speisesälen. —

5. Die fünfte Federzeichnung

verdankt den Stoff zu dem zu liefernden Bilde der zweiten Hauptversammlung in der Trinitatiskirche. Wir ahneten am Morgen nicht, wie viel Erhabenes und Erhebendes uns dieser Tag bringen würde. Unter großen Mühen gelangten wir auf unsere am Tage vorher innegehabten guten Plätze. Bis an den Rednerplatz und bis auf die oberste Emporkirche war das Gotteshaus gefüllt. Das Präsidium war in voller Thätigkeit; man sah wiederholt erwartungsvoll nach der großen Eingangsthüre hin, an welcher sich festlich gekleidete Comiteemitglieder aufgestellt hatten. Vom Orgelchor lugte Herr **Kuhn** nach dem Wink zum Präsidium. „Er kommt, er ist's," lispelte die Versammlung in würdevoller Haltung. Da brausten die Töne der Orgel durch das Gotteshaus, die Versammlung erhob sich, wendete ihre Blicke nach der Loge, dem Altar und der Orgel gegenüber, hin und stimmte volltönig folgendes Lied an:

„Heil unserm Fürsten! Wir reichen in Treue hier Preis Ihm und Lob!
    Ihm, der sein theures Land, waltend mit Vaterhand, stark durch der
    Liebe Band, kraftvoll erhob.
Heil unserm Fürsten! Preis ruft Ihm der Lehrer Kreis dankbar bewegt!
    Denn jede gute Saat pflegen mit Wort und That, gründen den ächten
    Staat, das ist Sein Ziel!
Freiheit im wahren Sinn hält Er für Machtgewinn, leuchtend und groß!
    Licht und Gerechtigkeit finden in aller Zeit Herzen, dem Dank geweiht,
    sie sind Sein Thron!!! —"

Nach diesen trefflichen Klängen richtete der Herr Präsident der Versammlung an dieselbe folgende Ansprache:

„Zur ehrfurchtsvollen Begrüßung Sr. Königl. Hoheit des Groß„herzogs, zum freudigsten Ausdruck der innigsten Dankbarkeit für die „huldvolle Gewährung unserer Bitte, in Mannheim tagen zu dürfen, „so wie zum äußerlichen Zeichen der Wünsche, welche für Sein Wohl, „für das Wohl Seines hohen Hauses und Seines ganzen Ihn liebenden „Volkes in unserer aller Herzen leben, erheben Sie Sich, meine „Herren, von Ihren Sitzen."

Nachdem dies geschehen war, sprach der durchlauchtigste Fürst mit gewinnender Huld und Freundlichkeit „Seinen Dank und Seine Freude darüber aus, einen so zahlreichen Kreis von Männern hier versammelt zu erblicken, die an dem großen heiligen Werke der Volksbildung arbeiteten. Er bezeugte, daß Er die Bedeutung dieser Versammlung tief empfinde. Auch Er widme den Bestrebungen des deutschen Lehrerstandes Sein lebhaftes Interresse: Er freue sich, daß die Versammlung eine Stadt Seines theuern Vaterlandes zu ihren Zwecken ersehen; Er wünsche von ganzem Herzen, daß die Berathungen der diesjährigen Versammlung von reichgesegnetem Erfolge begleitet seien und hieß schließlich dieselbe in Seinem theuern Vaterlande herzlich willkommen." — Fürstliche Worte, die in einem dreimaligen Hoch auf Sr. Königl. Hoheit den Großherzog ihren donnernden Wiederhall fanden.

Ja, es war ein tief ergreifender Moment, von dem wir hier Zeuge waren. Man muß Ihn **gesehen** haben, diesen fürstlichen Herrn in seiner vollen Manneskraft, in seiner Siegfriedsgestalt, in der einfachen Civilkleidung ohne Abzeichen durch Band, Orden oder Stern; man muß sie **gehört** haben, diese sonore, männliche, klangreiche Stimme, man muß sie **empfunden** haben, die trefflichen an uns gerichteten Worte, um sich eine Vorstellung von der Wirkung des erhabenen und erhebenden Aktes zu machen, eine Wirkung, die sich an den feuchten Blicken der Anwesenden kund gab. — Und was der Fürst **sagte** — es waren nicht blos Worte, nein! Die That gab den Worten Nachdruck. Der Großherzog beglückte nämlich den ganzen Vormittag die Versammlung als sehr aufmerksamer Zuhörer der Vorträge und Debatten und war auch nach der Pause wieder in der Loge, um von den weiteren Vorträgen Kenntniß zu nehmen. Und wie die Stadt darüber dachte, das drückt Lehrer Bull von Durlach in folgendem Gedichte aus:

„Nimm deine Harfe von der Wand, o Sänger hier am Rheine:
Heut strahlt im schönen Badenland hehr Friedrich im Vereine
Der Lehrer Deutschlands, nah und fern, im Fürstenkreis der schönste Stern.

Und lauscht des Volkes Bildnern treu, die Wissenschaft und Tugend
so gründlich tief, ächt deutsch und frei, verpflanzen in die Jugend,
in der die Nachwelt vor uns steht, die ihm so nah' zu Herzen geht.

Gott segne Friedrich und sein Haus, sein hochherziges Streben!
Und wie die Schicksalswoge braus', wir steh'n mit Leib und Leben
Zusammen stets für Friedrich ein, sind stolz auf Baden — so soll's sein!

„So soll's sein," ja, „so soll's sein!" Kann man es einem Preußenherzen verdenken, wenn es bei solchen Erlebnissen Vergleichungen anstellt? Wird man es verhindern wollen, dem still gehegten Gedanken "ein deutscher Musterfürst — der schönste Stern im Fürstenkreis!" einen lauten Ausdruck zu geben? —

Nach diesem ebenso schönen als erhebenden Akte schritt das Präsidium zum Beginn der Hauptarbeit, verkündete die Tagesordnung und rief nun den Seminar-Direktor Lüben aus Bremen auf den Rednerplatz, um seinen Vortrag: „Ueber die Naturkunde in Seminarien" zu halten. Herr Lüben steht in den deutschen Schullehrerkreisen in so gutem Rufe, daß das Beste von ihm zu erwarten war. Da sahen und hörten wir denn den lieben Lüben wieder und merkten es ihm an, daß er es fühle, er stehe diesmal nicht blos vor der größten Lehrerversammlung, die er je gesehen. Bald jedoch mäßigte sich die Bewegung seines Blutes und wir erkannten in ihm den Lüben von Gera wieder.

Der Redner begann mit der Hoffnung, auf die Zustimmung der Versammlung zu seinem Thema rechnen zu dürfen, da die Naturkunde in unserer Zeit eine Bedeutung gewonnen habe, wie zu keiner andern. Die Beschäftigung mit ihr erfasse den ganzen Menschen, nehme das Gefühl, das Denken und das Thun in Anspruch. Sie ziehe alle Lebensgebiete in ihren Kreis und beherrsche insbesondere alle materiellen Verhältnisse der Welt. Aber sie wirke auch auf die sittliche Veredlung des Menschen und gewähre ihm die reinsten Freuden und Genüsse. Alsdann warf er die Frage auf, ob denn aber auch die Volksschullehrer, welche die Bestimmung haben, an der Bildung und Erziehung der Menschheit zu arbeiten, mit dem für diesen wichtigen Beruf erforderlichen Maße naturwissenschaftlicher Kenntnisse ausgerüstet seien? Seine Antwort fällt, hinsichtlich des Volksschullehrerstandes im Allgemeinen, verneinend aus. Die meisten schöpfen ihre naturwissenschaftlichen Kenntnisse nur aus den Handbüchern und Lehrbüchern der Schule; die wenigsten gewinnen es durch Studium und eigene Anschauung. Es wurden die Beschuldigungen durch Mittheilungen aus dem Leben erwiesen. So z. B. hat ein Lehrer die Luftpumpe als ein Instrument erklärt, in welches man Luft hineinpumpt. Ein anderer Lehrer bereicherte die Kenntniß seiner Schüler über die „Elemente" dadurch, daß er sie derselben fünf merken ließ, nämlich: Erde, Feuer, Wasser, Luft und — ein klein wenig Magnetismus. Von einem dritten Lehrer wurde mitgetheilt, daß er Folgendes seinen Schülern vorgefabelt: „Die Pflanzen haben an der Wurzel, am Stengel und an den Blättern viele, viele kleine Löcher; im Frühjahr nehmen sie durch die Löcher an der Wurzel so viel Nahrung ein, daß sie deren zu viel haben, deshalb geht die Nahrung durch die Blätter der Pflanze wieder fort, aber so fein, daß man's gar nicht sieht :c." (Heiterkeit) — Indessen, sagte der Redner, seien nicht die Lehrer deshalb anzuklagen, sondern die Bildungsanstalten derselben; denn in manchen Seminarien werde die Naturkunde so gut, wie gar nicht gelehrt; man gewinne für dieselbe keine Zeit, weil der Musik-Unterricht keine übrig lasse; in andern lehre man zwar Botanik und Zoologie, beschränke aber jene auf Kenntniß der Species, diese auf die Kenntniß der Wirbelthiere. Ein solches Wissen reiche aber heute nicht mehr aus, es müsse mehr geleistet werden. L. bezeichnet alsdann näher die desfallsigen Aufgaben der Seminarien, verbreitet sich insbesondere über Auswahl, Anordnung und naturgemäße Vermittelung des zu lehrenden Stoffes, bezweifelt aber, daß die gegenwärtigen Seminarien in der Lage seien, den Unterricht in der erforderlichen Weise zu ertheilen, weil dazu vor Allem mit den nöthigen Kenntnissen ausgerüstete Lehrer gehören, an denen es jetzt noch fehle. Man begnüge sich in der Naturkunde gewöhnlich mit untergeordneten Spezialitäten, wie z. B. in der Botanik mit der Beschreibung der Giftpflanzen, ihrem Schaden und Nutzen; allein es gelte, daß die Natur als ein Organismus, als einheitliches Ganze aufgefaßt werde; und erst dann, wenn dies geschehen, könne den sekundären Zwecken Rechnung getragen werden. Hierauf geht L. auf den in verschiedenen Klassen der Seminarien im Sommer und Winter zu ertheilenden Unterricht ein und giebt eine übersichtliche Darstellung, wie er seine Seminaristen zur Pflanzenkunde durch Beobachtungen und Pflege derselben von ihrem ersten Aufkeimen bis zur Reife der Frucht anzuleiten pflegt.*) (Lebhafter Beifall.)

Nach dem Lüben'schen Vortrag traten mehrere Sterne (es fehlte zur Dutzendzahl nur einer) an dem pädagogischen Himmel in der Trinitatis-Kirche hervor, freilich von unterschiedlicher Leuchtkraft. Der erste dieser Sterne war der Stern aus Frankfurt, dem vor seinem Namen ein doppelt D. (Director und Doctor) zur Kennzeichnung seiner Würdigkeit gegeben worden. Wir kennen ja diesen Stern erster Größe schon etwas. Die von ihm entsendeten hellen Lichtstrahlen erreichten die Versammlung ungebrochen. In beredten Worten wurde von ihm anerkannt, daß der naturwissenschaftliche Unterricht eine größere Ausdehnung bedürfe; er schildert in lebhaften Farben seine große Bedeutung für die ganze Erziehung und Bildung überhaupt und weist auf seine reichen Früchte für das Leben hin; baut dann in Betreff des Stufenganges im naturwissenschaftlichen Unterricht eine Zwischenstufe auf und führt uns dabei in klaren Umrissen ein gut Stück Erziehungs- und Unterrichtslehre vor, indem er zeigt, wie die Entwickelung der Geistesanlagen des Kindes vor

---

*) Es wird jeder Seminarist angehalten, eine bestimmte Pflanze im Seminargarten anzubauen und dieselbe von Anfang an alltäglich zu beobachten, über die wahrgenommenen Veränderungen Buch zu führen und Bericht zu erstatten. Eben so sei in der Zoologie z. B. das Leben und Treiben einer Spinne zu beobachten.

sich gebe; er weist dabei auf die Bildung des Anschauungsvermögen hin und behauptet sehr richtig, daß unsere Kinder ohne Anschauung und Beobachtung weder zu Vorstellungen und Begriffen, noch zu klarem Denken gelangen können. So kommt der Redner auf den „Anschauungsunterricht", dem er ein großes Gewicht zuschreibt und zu welchem die fruchtbarsten Stoffe aus dem Gebiet der Natur genommen werden. Es ginge aber nicht, daß der Schule allein dieser Anschauungsunterricht zugewiesen und überlassen werde, es muß vielmehr das Haus. — die Familie — dazu vorbilden und auch mitwirken. Der Redner beklagt die städtische Jugend, die der Beobachtung der Naturgegenstände fern bleibe und deshalb zu ihrem Nachtheil dieses auf die Entwickelung des ganzen Menschen einflußreichen Bildungsmittels entbehre; sie erfahre nur etwas davon auf den Schulbänken. (Lebhafter Beifall.) Auch unsere Landjugend, dachte ich still für mich hin, ist des Anschauungsuntrrichtes benöthigt; denn, obgleich sie inmitten der frischen Natur lebt, so zeigt sie dennoch die größte Gleichgiltigkeit gegen die Natur, die zu ihr so schön und vernehmlich spricht; sie hat wol Augen aber sieht nicht, und Ohren aber hört nicht — aus Gewohnheit.

Wenden wir uns nun dem zweiten Stern zu, der sich am pädagogischen Himmel in der Trinitatiskirche neben jenem aus Frankfurt bemerklich machte, es war der aus Ohrdruff, Dr. M. Schulze. Dieser Stern der Versammlung warf einige Streiflichter auf den Lübenschen Vortrag. Auf Grund der Erfahrungen, die er als früherer Schul-Direktor, dann als Schul-Inspector (Superintendent) beim Besuch von Schulen gewonnen, lieferte er Beläge zu den Ausstellungen des Herrn L., unter andern noch eine Kuriosität, über die in meiner Umgebung sich die Meinung verlautbarte, daß der Lehrer nur aus Verblüfftheit solchen Unsinn gesprochen haben könne, was mir nicht nur wahrscheinlich, sondern gewiß zu sein schien. Ein zweites Streiflicht erkannte ich in dem Einwande, daß ein zu großes Wissen in der Naturkunde auch seine Bedenklichkeiten habe, indem es den Lehrer zur Vielwisserei verleite; er müsse vor der Gefahr warnen: Alles, was der Lehrer aus der Naturkunde sich angeeignet, in seiner Schule anzubringen, er müsse vielmehr den Lehrern empfehlen, hauszuhalten mit den erworbenen Kenntnissen und die Gründlichkeit des Unterrichts nicht in der Menge des naturkundlichen Stoffes zu erblicken. Das erfordere der pädagogische Tact. Um aber nicht mißverstanden zu werden, bemerkte Dr. M. Schulze, daß der Lehrer sich von dem Studium der Natur — von dem Erforschen der Naturgesetze ic. nicht abwenden dürfe; er sei vielmehr mit der Forderung eines deutschen Pädagogen: „Jeder Lehrer ein Naturforscher!" einverstanden. (Beifall) Dieses letztere Streiflicht gab Aufschluß über den Standpunkt, den Schulze auf diesem Unterrichtsfelde einnimmt, daß er nämlich nicht gegen ein **gründliches** naturkundliches Wissen der Lehrer sei, was viele der Anwesenden zu meinen schienen; war doch selbst Herrn L. Einiges nicht recht klar in der Schulze'schen Darlegung gewesen. — In dem dritten Stern, der sich nun blicken ließ, erkenne ich mit Vergnügen Herrn **Schnell**, Vorsteher der St. Johannisschule in Prenzlau, den Redacteur der neuen „Preußischen Schulzeitung," die er sorglich pflegt. In der kräftigen, äußern Persönlichkeit prägt sich Begeisterung für die Sache, der er dient, und Wohlwollen und Aufrichtigkeit gegen die Collegen aus. Die Worte gehen ihm leicht vom Munde und haben einen anregenden Inhalt. Herr Sch. beleuchtete und widerlegte die Behauptung so Vieler, daß in dem Studium und Pflege der Naturwissenschaft und des naturkundlichen Unterrichts in Schulen die Liebe zum „Materialismus" geweckt, genährt und gefördert werde. Es kann eine solche Ansicht nur auf dem Irrthum beruhen, daß man die **ideale** Seite, welche die Erforschung der Naturgegenstände in so reichem Maße darbietet, gar nicht kenne. In der Naturkunde ist die Grundlage nicht allein der realen, sondern auch der idealen Bildung vorhanden. Nur eine verkehrte Auffassung des materiellen und des sittlichen Lebens führt zur Abneigung resp. Anfeindung und Zurücksetzung naturkundlicher Studien. Und wenn darin sogar eine Abschwächung des religiösen Sinnes und Glaubens erblickt wird, so müsse er auf die Urkunden der göttlichen Offenbarung, alten und neuen Testaments, hinweisen, um die Nichtigkeit jener Besorglichkeit darzuthun; in den schönsten Gleichnissen des Evangeliums sei ja überall die äußere Natur dargestellt als ein Abbild der geistigen Welt; sie sei ein Ausdruck der ewigen Wahrheit und der ewigen Gesetze der Weltordnung. Es folgt hieraus, daß die Beschäftigung mit der Natur, das Kennenlernen des Göttlichen im Weltlichen nimmermehr zum Materialismus führe, sondern sie sei der wahre Weg zur **sittlich-idealen** Veredlung des Menschen — Man sah es dem Redner an und hörte es aus seiner Stimme, daß Alles, was er und wie er es gesagt, innerlich empfunden sei. Die Versammlung bezeugte ihm dies in erfreulicher Weise. Ich aber konnte mich des Gedankens an den sel. Stahl im Preuß. Herrenhause nicht erwehren, der eine fürchterliche Gefahr für den Glauben schon darin erblickte, wenn auch nur zehntausend Lehrer kleine „Humboldte" wären. —

Hatten schon die drei vorangegangenen Sterne die Wahrheit des Lüben'schen Systems in's Licht gestellt, so geschah dies in erhöhtem Grade von dem vierten Stern aus Gotha, Herrn Schulrath Dr. **Schmidt**. Er schilderte in kräftigen Worten die hohe Bedeutung der Naturwissenschaften und die gründliche Kenntniß derselben; sie seien zu einer Macht geworden in der Weltgeschichte, der zu widerstehen vergebliche und thörichte Mühe wäre; sie sei ein wesentliches Bildungsmittel des menschlichen Herzens, sie führe nicht von der Religion, von Gott ab, sondern zur Religion, zu Gott hin auf geradem Wege. „Wer in der Natur lebe, der komme gar nicht aus Gott heraus;" „die Natur lehre das Gesetz der Liebe, der Toleranz, der Humanität, der Freiheit, des Maßhaltens in allen Dingen." Der Redner weist auf den Unterricht in der Antropologie hin, empfiehlt den Lehrern das Studium derselben auf's dringendste und kommt dabei auf die auch in dieser Beziehung wünschenswerthe „neue Schulordnung" in Gotha. Wie kann ein Lehrer Menschen bilden, wenn er den Menschen nicht kennt? Darum nimmt die Antropologie im Lehrplan seines Lehrer-Seminars zu Gotha eine Hauptstelle ein. — Hinreißend! (Lauter Beifall.) — Wie abweichend doch die Ansichten und Forderungen sind, dachte ich während dieser Debatte, und ich erinnerte mich aus meinem Seminar-Lehrerleben an einen Geheimen Rath aus Berlin, der auch einmal ein Seminar-Direktor war, und es für überflüssig erklärte, in Seminarien „Seelenlehre" resp. „Antropologie" zu lehren. —

Ein Theil der Versammlung schien durch die Debatte vollständig befriedigt zu sein, denn es ging ein Antrag auf „Schluß." ein. Ein Theil derselben aber schien in seiner Wißbegierde noch Lücken zu spüren; es wurde Abstimmung verlangt. Der Sieg war auf unserer Seite.

Herr Direktor Janson aus Bremen tritt auf die Seite Lüben's, hebt hervor, wie wichtig die Naturkunde auch in Mädchenschulen sei, wenngleich in diesen der naturkundliche Unterricht in etwas anderer Weise zu ertheilen sein dürfte. Heiterkeit erregend war das treuherzige Bekenntniß, daß, obgleich er in der Naturkunde ein unwissender Neuseeländer sei, der Segen des naturkundlichen Unterrichts in Töchterschulen von ihm anerkannt werden müsse. —

Auch der treffliche Direktor Dr. Schröder von Mannheim hatte etwas auf dem Herzen, was noch nicht zur Sprache gekommen war. Wie Schmidt das Studium der Antropologie von den Lehrern verlangt, so wollte Direktor Schröder die Lehrer der Landschulen in die Kenntniß des Landbaues eingeführt wissen; der Lehrer müsse auch hierin der Landgemeinde ein Vorbild sein. Uebrigens halte er die Befürchtung, der Lehrer möchte auf Grund der erworbenen Bildung sich überheben, für unbegründet, im Gegentheil scheint ihm der Hochmuth verschwistert mit der Unwissenheit. Kenntniß der Gesetze der Natur lehre Demuth. Kein Naturforscher sei dünkelhaft und hochmüthig, der Mann von wahrer Bildung sei auch ein bescheidener Mensch. — (Beifall.)

In meiner Nähe befand sich Herr Lohrer aus Mosbach. Er verfolgte die Debatten mit großer Aufmerksamkeit; ich gewahrte an ihm ein innerliches Arbeiten und einen Drang, seinen in ihm ungeduldig werdenden Gedanken aus der Gefangenschaft zu erlösen. Dieser Augenblick war eingetreten. Herr L. gab zu, daß der naturkundliche Unterricht von großer Wichtigkeit sei; er sprach den Satz aus, daß die Natur nicht die einzige Grundlage der Bildung sei und legte einen Nachdruck darauf, daß es noch etwas Größeres gebe, als die Natur, nämlich „Gott." Darin hat L. vollkommen Recht, aber es hat diesen Satz doch Niemand in der Versammlung bestritten. Sein Eifer trieb ihn noch weiter, zu der völlig grundlosen Behauptung: es scheine fast, als ob man es darauf abgesehen habe, die Natur zu vergöttern. Die Versammelten schienen voraus gefühlt zu haben, worauf Herr L. lossteuere, und zeigten einige Unruhe; aber als er die Debattirenden der Vergötterung der Natur beschuldigte, da entstand ein gewaltiger Tumult. (Ich blickte zur Loge auf!!) Die Schelle des Präsidenten stellte Stille her, und mit herzgewinnender Sanftmüthigkeit bat der kleine Tyrann am Präsidiumtische die Versammlung, den Redner weiter sprechen zu lassen, worauf Stille eintrat. An Muth fehlte es dem Herrn Lohrer nicht, das erwarb ihm meine Achtung. Auch die persönliche Ansicht des Einzelnen, so widerhärig sie auch sein mag, ist zu respectiren, und darf nicht niedergedonnert, sondern muß mit geistigen Waffen bekämpft werden. „Ende gut, Alles gut." sprach ich; und Herr L. zog sich ohne weitere Anfechtung aus der Affaire.

Zur Beseitigung des in die Verhandlung gerathenen Miktons betrat Herr Seminar-Inspektor Petersen aus Kaiserslautern den Rednerplatz. Wir haben einen Mann vor uns in seinen schönsten und besten Lebensjahren, von blühendem Aussehen, schlank gewachsen, angenehmen Manieren, Redegewandheit in melodischem Sprechtone, und begleitet von einer eigenthümlichen Handbewegung. Alles geeignet, einen günstigen Eindruck zu machen. Ich hörte ihm gern zu und folgte dem Fluß seiner Rede. Es gelang ihm, eine Annäherung und Ausgleichung der durch den vorigen Redner veranlaßten Differenzen herbeizuführen; er fühlte sich in seiner Doppelstellung als weltlicher und geistlicher Lehrer dazu berufen und wies in längeren Auseinandersetzungen auf das Grundgesetz der Harmonie hin, die eben nur da besteht, wo die gezogenen Grenzen strenge eingehalten werden. Neben dem Buche der Natur besteht unangetastet das Buch der Offenbarung. — Der friedliebende Sinn in so mildem, liebevollem Tone kundgegeben, verfehlte des Eindrucks nicht. In Bezug auf die gerügte Mangelhaftigkeit des naturkundlichen Unterrichts in vielen Seminarien hielt er es für Gewissenssache, das Seminar in Kaiserslautern in Schutz zu nehmen, er dürfe behaupten, daß es auf der Höhe der Zeit stehe und daß die Zöglinge der Anstalt sich des sorgfältigsten naturwissenschaftlichen Unterrichts erfreuen.

Vor ihm hatte schon Herr Lehrer Riegel aus Ladenburg die Seminarlehrer in Betreff der hier in Zweifel gestellten mangelhaften naturwissenschaftlichen Bildung zu vertheidigen gesucht; und wo noch nicht der rechte Standpunkt erreicht sei, da hoffe er, daß es hierin besser werde. Es sei aber nöthig, daß die Lehrer in ihren freien Conferenzen selbst Hand anlegen. — Auch ich wollte mir das Wort in dieser Angelegenheit erbitten, aber College Riegel war mir zuvorgekommen. Was ich einzuwenden gedachte besteht in Folgendem:

Wenn Herrn Riegel die Seminarlehrer, welchen die Ertheilung des naturwissenschaftlichen Unterrichts obliegt, gegen die Behauptung, daß erst dann ein besserer Unterricht in der Naturkunde zu erwarten sei, wann in Seminarien tüchtigere, naturkundige Lehrer wirken werden, die Seminarlehrer der Gegenwart in Schutz zu nehmen sucht; so finde ich dies ganz in der Ordnung. Sie l. Fr. sehen in mir einen Mann, der ein 50jähriges praktisches Lehrerleben hinter sich hat. Ich habe in meinem Heimathlande Schlesien die Entwickelung des Seminarunterrichts von 1812 an genau beobachtet und verfolgt. Von der Reform dieser Anstalten durch Pestalozzianer (1812) an, ist insbesondere auch das Gebiet der Naturkunde bestens cultivirt worden. Aus den schlesischen Seminaren sind ausgezeichnete Lehrer der Naturkunde hervorgegangen. Fischer in Neuzelle, Hentschel in Weißenfels, Reuter in Bromberg, Kelch in Ratibor u. A. sind Zöglinge schlesischer Seminare, die theils wieder an Seminaren, theils an Gymnasien, theils an Realschulen angestellt und hier anregend gewirkt haben. Und noch jetzt könnte ich Ihnen Lehrer in großer Zahl namhaft machen, die als ehemalige Zöglinge von „Seminarlehrern," die selbst aus den Seminarien hervorgegangen waren, sich emsig der Naturforschung hingeben: der eine ist als Mineralien-Sammler, der andere als Entimologe, der dritte als Botaniker, der vierte als Vögelkenner, der fünfte als Fischzüchtler oder Bienenzüchtler, oder als Seidenbaupfleger, der sechste als Schlangen-Liebhaber, u. s. w. renommirt; selbst Verfertiger von physikalischen Veranschaulichungsmitteln könnte ich namhaft machen. Und wenn auch „ins Innere kein erschaffener Geist zu dringen vermag," so ist der Forschergeist bei den meisten doch so rege, daß ihnen die Physiologie der Naturgeschichte kein tabula rasa mehr ist. Selbst als naturkundliche Schriftsteller haben sich Volksschullehrer vortheilhaft ausgezeichnet. Wo haben sie den Impuls dazu erhalten? Und wenn ich noch der großen Anzahl derjenigen gedenke, die ihre Ferienzeit dazu benutzen, Reisen zur Bereicherung ihrer naturwissenschaftlichen Kenntnisse zu unternehmen; wenn ich auf diejenigen hinweise, die ihr Gartenland und ihren Schulacker durch Anbau derselben auszubeuten verstehen: so möchte ich denn doch nicht behaupten, daß den Seminarien die Schuld beizumessen sei, wenn solche Albernheiten vorkommen, wie sie heut an den Tag gezogen worden sind. Welche Befähigung zur Ertheilung des Unterrichts in der Naturkunde in seminarisch vorgebildeten Lehrern liege, davon könnte ich ein Beispiel meiner Anstalt namhaft machen, das in methodischer Hinsicht manchen Lehrer mit einem Dr. vor seinem Namen hinter sich läßt. Man gebe nur solchen strebenden Geistern Gelegenheit, das Erstrebte in Anwendung zu bringen! Freilich sind nicht alle naturkundlichen Lehrer auf die hohe Stufe eines Lüben gelangt, der nun einmal ein schwer zu erreichender Meister in der Naturwissenschaft, wie in der Methode dieses Unterrichts und — der erste unter den Stahl'schen „kleinen Humboldten" ist. Dies mein Einwand, der um so unpartheilicher anzusehen sein dürfte, als ich nie am Seminar in der Naturkunde unterrichtet habe! —

Hiermit könnte ich den Gegenstand meiner Federzeichnung verlassen, wenn ich nicht noch zu berichten hätte, daß Freund Dr. Meier aus Lübeck unser Wissen durch Mittheilung einer naturkundlichen Neuigkeit zu erweitern die Güte hatte. Er sagte nämlich, daß der Blitzstrahl keineswegs sich im Zickzack bewege, sondern in einer spiralförmigen Bewegung durch die Luft fahre, was er im Ausstellungsgebäude veranschaulichen wolle. Endlich erbat sich Herr Dr. Panitz von Herrn Lüben Auskunft über die Zahl der wöchentlichen Lehrstunden, die er dem Unterricht in der Naturkunde zuweise. Lüben entsprach diesem Wunsche, indem er die Zahl auf zwei Stunden wöchentlich normirte. —

Während der ganzen Verhandlung hatte ich Freund Lüben unter mein natürliches Mikroskop genommen, um antropologische resp. physiognomische Beobachtungen an ihm anzustellen. Da gewahrte ich denn interessante Variationen an seiner Physiognomie; bald formten sich die Lippen zu einem wohlgefälligen Lächeln, bald zogen sich die Augenbrauen so in die Höhe, daß der Blick seiner schwarzen Augen deutlicher hervortreten konnte, bald neigte er seinen Kopf nach vorn zu einer beifälligen Zustimmung, bald drehte er ihn nach links und rechts, als müsse er seine Zustimmung versagen. Und als ihm der Herr Präsident das letzte Wort gab, erklärte L. freudig bewegt, daß er die heutigen Stunden zu den angenehmsten seines Lebens zähle. Dies war gewiß keine Phrase, denn er richtete seinen Blick auf die Loge. Es seien seine Worte, sagte er, freilich auch Mißverständnissen ausgesetzt gewesen. Um dieselben zu beseitigen, wolle er noch einmal seine Ansicht deutlich vortragen; er erklärte, sich in Uebereinstimmung mit Herrn Dr. Stern, in Betreff der Vorstufe für den Unterricht in der Naturkunde, zu befinden, gestand aber auch, seinem Freund Schulze, in seiner Besorgniß des Zuvielwissens in der Naturkunde nicht beitreten zu können, war erfreut über die Hinweisung Schnell's auf die heiligen Urkunden, in denen eine Fundgrube religiöser Naturanschauung liege und zeigte mit Beziehung auf die gegentheiligen Ansichten zwischen Dr. Schmidt und Lohrer, daß er es nicht zu begreifen vermöge, wie die Liebe zur Natur zur Vergötterung derselben und als eine Sünde gegen Gott an gesehen werden könne, da die Vergötterung der Natur mit der tiefsten Verehrung ihres Schöpfers, Gottes, im unzertrennlichen Bunde stehe. L. besteht auf dem Verlangen, aus dem Vollen und Ganzen zu schöpfen, denen gegenüber, die vor einem zu weiten Horizonte zurückschrecken, und schließt mit dem Wunsche an die Versammlung, daß sie in der schönen Strömung, in der er sie heute erblickt habe, bleiben möchte. Und wenn es ihm vergönnt sein sollte, abermals vor ihr aufzutreten, so soll es ihm nicht an Worten fehlen, seine Anerkennung des Fortschritts auszusprechen. (Großer Beifall.)

Se. Königl. Hoheit der Großherzog stand kerzengrade in der Loge und sendete Wohlwollen bekundende Blicke auf den Rednerplatz. Ihm zur Seite sein trefflicher Minister Roggenbach.

6. Die sechste Federzeichnung
wird für unsere Beschauer ein nicht minder großes Interesse als die vorherige haben, denn sie schließt in ihren Rahmen als Zierde die Anwesenheit jener hohen fürstlichen Persönlichkeit ein, von welcher die Versammlung in so hohem Grade beglückt wurde. Der Phrenologe Dr. Scheve hatte an meinem Schädel das Organ der Verehrung ziemlich stark entwickelt gefunden. Hier fand ich seine Entdeckung bestätigt. Meiner Nachbarschaft muß es auffällig gewesen sein, daß ich mich so oft umwendete und meine Blicke nach der Loge richtete. Das Gefühl der Bewunderung über solche Ausdauer an den Verhandlungen, die so hohe Herren in der Regel nicht lange anzusprechen pflegen, übermannte mich und legte mir den Gedanken des Dichters jenes in die vorige Federzeichnung aufgenommenen Gedichtes auf die Zunge:

„Denn jede gute Saat pflegen mit Wort und That,
gründen den ächten Staat,
das ist Sein Ziel"

Und daß die Flügel des Geistes des neu auftretenden Redners durch das vis à vis an Schwungkraft gewonnen haben, das hat die Versammlung gesehen und gehört. Wenn ich in meinen vorjährigen „vier Tagen eines Lehrerlebens auf der Lehrerversammlung zu Gera" das Wesen des Herrn Dr. Richard Lange aus Hamburg als einen echt deutschen Mann von Gesinnung mit äußerer französischer Lebendigkeit kennzeichnete, so wird sich die Versammlung von dem Zutreffenden meiner Zeichnung wol überzeugt haben. In dem Manne sprudelt eine Quelle frischen lebendigen Wassers, die ihn in der That zu einem Sprudelkopf erhebt. Wenn er den Mund öffnet, so tritt die ganze Maschinerie seines Geistes in Thätigkeit: da sieht man nicht nur die Lippen in Bewegung, sondern der ganze Mann vom Wirbel seines Kopfes bis zur kleinen Zehe herab arbeitet, fesselt das Auge der Zuschauer, ergötzt das Ohr der Zuhörer und reißt unaufhaltsam die gefüllte Trinitatiskirche, Männer und Jünglinge, Frauen und Fräulein mit sich fort, so daß die im Alter schon Vorgerückteren fast außer Athem kommen. —

Es wäre jammerschade gewesen, wenn der in der Vorversammlung bei der Berathung über die Wahl der Themata zur Sprache gebrachte Vorschlag, das Thema des Dr. W. Lange deshalb nicht auf die Tagesordnung zu bringen, weil es nicht allgemeines Interesse verspreche, was dem starken Selbstbewußtsein des anwesenden schweigsamen Redners nicht gleichgültig gewesen sein mag. Wenn es denn doch auf die Tagesordnung für die 2. Hauptversammlung gebracht wurde, so geschah dies auf eine Berathung der Ausschußmitglieder und in Folge der Entscheidung des Präsidenten Hoffmann. Nur ein W. Lange konnte dem interesselos scheinenden Thema einen so erfrischenden, die ganze Versammlung bis zum höchsten Zuhörer hinauf elektrisirenden Inhalt geben. Der Vortrag des Herrn Dr. W. Lange betraf nämlich die innere Organisation einer mehrklassigen Schule — „ein," sagt das Mannheimer Tageblatt, „an Inhalt so reicher, an Fassung so körniger, an Ton und Sprache so hinreißender, so ganz aus dem Leben der Schule herausgeschöpfter Vortrag." — Nun, was sagte denn eigentlich Herr Dr. L? Ja, das läßt sich nicht niederschreiben, klagten doch selbst die Stenographen, daß ihre weder nach der Gabelsberger noch nach der Stolze'schen Kurzschrift zugespitzten Bleifedern dem Eilwagen des Redners hätten folgen können, sondern trocken gelegt worden wären. — Nachdem ich berichtet, daß der Redner von Vornherein erklärt hatte, daß es sich hier nicht um die Aufstellung eines Lehr- und Stundenplanes handle, sondern um die Darlegung des geistigen Lebens — also um die Physiologie der so organisirten Schule, muß ich mich hier auf Andeutungen beschränken, die ich dem Mannheimer Journal und dem Mannheimer Anzeiger entlehne. Der Redner fragt: „Welche Idee liegt der Organisation einer Schule zu Grunde?" Jede Schule soll nicht blos eine Lernanstalt, sondern Bildungs- und Erziehungsschule sein. Der ganze Mensch muß von der Schule erfaßt werden. Die Schule mache nicht das Leben, sondern umgekehrt: das Leben mache die Schule. In ihr muß herrschen Einheit und Einigkeit der Glieder, d. h. unter den Lehrern; Jeder müsse sich als ein Glied des Ganzen erfassen. Einheit und Mannigfaltigkeit stellt Dr. L. als die zwei Momente eines jeden Organismus, mithin auch als des Organismus einer solchen mehrklassigen Schule dar. Diese wird erreicht dadurch, daß Direktor und Lehrer in harmonischem Geiste wirken; namentlich auf tüchtige Direktoren kommt es an; ebenso auf Lehrer, die ganz von der Würde ihres Amtes erfüllt sind. Die Lehrer müssen sich in ihrem Unterricht gegenseitig inspiciren, selbst der Direktor muß es zulassen, daß andere Lehrer ihn in seinem Unterricht besuchen. Ein inniges Freundschaftsverhältniß muß das Lehrer-Collegium verbinden, gestützt auf Wahrheit gegen einander. Aber um neben der Einheit auch zugleich Mannigfaltigkeit in der Schule herrschen zu lassen, muß Klassenlehrerthum und Fachlehrerthum neben einander bestehen. Der Redner schildert die Stellung und den Geschäftskreis der Klassenlehrer im Einzelnen und giebt überhaupt von dem Wesen und Organismus der Schule, die er nach seinen Grundsätzen leitet, ein so ansprechendes, interessantes, lebendiges Bild, daß sein Vortrag den einstimmigen Beifall in der Versammlung findet. — Oft schien es mir, als glaubte der Redner, daß er sich selbst übertroffen habe. Die Menge von Kraft- und Schlagworten glichen einem Hagel, der geeignet schien, schwache Gemüther zu Boden zu schlagen. Man erkannte in und an ihm deutlich den Mann, der aus einem Freistaat komme, und der es fühle, er rede jetzt in dem Baden von 1861 und 1863 vor einem das freie Wort schützenden, hochsinnigen Fürsten, zu dem er ehrfurchtsvoll, aber mit offnem Blicke und ungekrümmtem Rücken hinaufsah. Es meldete sich Niemand zur Debatte. Darin wollte man die allgemeine Zustimmung zum Inhalt des Vortrages erkennen. Allein es ist in Betracht zu ziehen, daß der Gegenstand sich überhaupt zu einer kurzen Debatte nicht eignet, so wie, daß die Versammlung sich in leiblicher Abspannung befand, und sich nach einer körperlichen Erfrischung sehnte. Was mich betrifft, so hatte Dr. Lange mancherlei Gedanken in mir angeregt, von denen ich hier ein paar aussprechen will.

Wie ein französischer König einmal ausrief: „Der Staat bin ich," so kann der Director einer mehrklassigen Schule sagen: „die Schule bin ich." Auf unsern Redner angewandt, behaupte ich, daß nur ein „Wichard Lange" einen solchen Organismus einer Schule schaffen, leiten und erhalten könne. Jede Anstalt ist das treue Abbild ihres Vorstehers: sein Geist tritt verkörpert in der Schule auf; die Physiognomie der Schule läßt auf den Geist ihres Leiters schließen. Wer den Organismus der Lange'schen Schulanstalt ins Leben rufen will, auf den muß der Lange'sche „Geist" übergegangen sein. Man kann ein guter Pestalozzianer heißen, ohne ein Pestalozzi zu sein. Das sind unbestreitbare Wahrheiten. Was z. B. Lange von dem Verhältniß der Lehrer zu einander und zu ihm als Director gesagt, klingt recht schön, es entspricht einer idealen Auffassung, welche aber der realen Wirklichkeit widerspricht. Ich bin kein Freund von einer Einrichtung, wornach die Lehrer einander im Unterricht einen Besuch abstatten, hier über das Wahrgenommene Notizen machen, diese sogar auf eine schwarze Tafel im Lesezimmer der Lehrer schreiben und zur Kenntniß aller Collegen bringen dürfen; noch weniger, daß sogar der Direktor sich dieser Controlle unterwerfe. Ich traue mir nicht zu, ein so trefflicher Mensch zu sein, und so treffliche Menschen als Lehrer zu finden, die bereit wären, sich der Kritik ihrer Collegen, von denen doch nicht jeder die Befähigung zur gerechten Beurtheilung haben dürfte, zu unterwerfen. Ich halte es vielmehr für sehr gefährlich, wenn sich der Vorsteher der offnen Kritik seiner Mitarbeiter Preis gibt, und ich möchte zu dieser mehr als republikanischen Schuleinrichtung die Hand nicht bieten. In meinen beiden Anstalten arbeiten viel Kräfte und mein Verhältniß zu meinen Mitarbeitern, so wie dieser zu einander, ist gewiß ein freundliches zu nennen; ich regiere die Schule, aber nicht ohne Berücksichtigung der verschiedenen Eigenthümlichkeiten der Persönlichkeiten. — Das „Lesekabinet," auf welches großes Gewicht gelegt wird, läßt sich auch nicht überall herstellen. Wie soll während der Schulstunden Zeit zur Lectüre gewonnen werden; ein bloßes Begucken der ausgelegten Bücher kann nicht befriedigen; die Freistunden aber wären besser zu verwenden, als durch die flüchtige Lectüre. Kurz, zu der innern Organisation einer Schule nach den Grundsätzen des Hamburger Schulvorstehermeisters gehört eine Persönlichkeit in ihrer Gesammtheit, wie die des Dr. Wichard Lange. —

Die Trinitatiskirche wurde nunmehr zwei Stunden lang frei. Jeder eilte in eine der nächsten Restaurationen, um sich irgend wie leiblich zu kräftigen; denn es harrte unserer wieder eine gedeckte Tafel mit einer derben Speise. Herr Director Dr. Paldamus aus Frankfurt a. M. servirte, und ward von Andern unterstützt. Und — „der schönste Stern im Fürstenkreis" leuchtete abermals am Horizonte des pädagogischen Himmels in der Trinitatiskirche.

Herr Dr. Paldamus ist ein Mann von mittler Größe, mit rundem mäßig geröthetem Profil, mit ruhigem Blick, und einem besondern Kennzeichen (wahrscheinlich aus dem Studentenleben) auf den Wangen des Gesichts versehen, — eine deutsche Natur mit englischem resp. bedächtigem Wesen. Er hat sich durch seine Schriften als ein scharfer und klarer Denker einen guten Namen erworben, und die Abhandlung, die er über das Thema: „Ob Staats- oder Kommunal-Schule?" las, bestätigte jenes Zeugniß, denn er lieferte eine gediegene Arbeit, die jedoch mehr für den Druck als für einen mündlichen Vortrag in einer abgespannten Versammlung (Mittags 1¾ Uhr.) geeignet schien. Der Redner stellte die Geduld seiner Zuhörer auf eine schwere Probe, in der sich nicht alle bewährten. So deutlich und ausdrucksvoll auch die Sprache war, so wirkte die Gedehntheit der Vortragsweise dennoch ermüdend auf den Zuhörerkreis. Den Herrn Stenographen wird es nicht ergangen sein wie bei dem Lange'schen Vortrage. Die Mannheimer Blätter haben darüber ausführlich berichtet; ich benutze jene Mittheilungen für meine Zwecke.

Der Redner, sagen sie, ist überzeugt von der hohen Wichtigkeit und tief einschneidenden Bedeutung dieser Frage und schöpft daraus, sowie aus der Nachsicht der Versammlung, Hoffnung und Muth für seinen Versuch zur Lösung dieser Aufgabe. Er schickt die Bemerkung voraus, daß manche berufstüchtige Schulmänner die Angelegenheiten der innern Reform der Schule für ungleich wichtiger halten als die der äußern Reform, und diese würden wol mit der Wahl seines Gegenstandes nicht zufrieden sein. Manche würden auch mißtrauisch und sogar unwillig, so oft Jemand versuche, über das enge Gebiet der Schule hinauszuschreiten und das des Staates oder der Kirche zu berühren. Man sei nämlich der Meinung, dieses Alles gehe über die Kompetenz der Lehrer hinaus. Allein eine innere wahrhafte Schulreform sei gar nicht möglich, so lange die großen Fundamentalfragen der Schulverfassung nicht gelöst seien. Ihm ist daher diese Frage ganz von selbst und fast wider seinen Willen erwachsen, denn überall zeigte sich ein einiger und unlösbarer Zusammenhang der äußern Reform mit der innern. Wenn daher fast alle Bestrebungen für die Hebung der Schule bisher gescheitert oder hinter ihrem Ziele zurückgeblieben seien, so sei daraus der Schluß zu ziehen, daß an den **Grundlagen**, an dem **Organisationsgerüste noch Mängel** sein müssen, deren Entfernung nothwendig sei. Wir müssen daher aus dem engen Kreise des innern Lebens der Schule heraustreten und uns auch mit ihrer Stellung nach Außen befassen, es ist das unser Recht und unsere Pflicht. — Die Frage: ob **Staats- oder Kommunalschulen?** hält Redner für wichtiger als die andere: ob **Konfessions- oder Kommunalschulen?** — eine Meinung, worin wir mit vielen Andern dem Redner nicht beipflichten können.

Auf die Frage selbst eingehend, fährt der Redner fort: Die Ansicht, daß der Staat der **Herr und Besitzer der Schule**, letztere also eine **Staatsanstalt** sein solle, sei weit verbreitet und finde auch unter dem Lehrerstande ihre Vertreter. Allein das Prinzip des Staatsschulwesens sei in seiner Ueberspannung ein dem Wesen der Schule wie des Staates widersprechendes und müsse aufgegeben werden. Die Schule müsse sich nach dem Leben, das Leben aber könne sich nicht nach der Schule richten. Davon müsse alle Organisation ausgehen. Das Leben aber sei beweglich, denn es sei **Entwickelung**; daher müsse auch das Prinzip, das wir für die Organisation der Schule suchen, der Entwickelung fähig sein.

Nicht minder erfordere die Aufgabe der Schule eine sorgfältige Berücksichtigung der **Mittel** der Bildung oder der **Bedingungen** derselben. Eine der wichtigsten sei aber die geistige Freiheit. Diese Freiheit, welche die Lebensbedingung der Wissenschaft sei, sei auch die der Schule, und darum müsse sich das Organisationsprinzip einen Antheil an dieser Freiheit sichern, und diese Sicherheit liege in der Individualisirung, in der Vermeidung einer abstrakten Gleichheit und Gleichmäßigkeit, dem sich alle Einzelne und Individuelle fügen müsse.

Redner findet ein Unrecht darin, die Leitung der Schule wider ihren Willen dem **Staate** zu überweisen, und er betrachtet es als einen Grundirrthum, daß der Staat der Hauptinteressent und der Hauptfaktor im Unterrichtswesen sein müsse. Der Staat habe allerdings ein Interesse an der Kultur seiner Bürger und könne nicht gleichgültig dagegen sein; aber daraus folge nicht, daß er auch unmittelbar der Produzent der Kultur sein müsse. Das könne nur da geschehen, wo das Volk noch auf der untersten Stufe der Civilisation stehe, wo es noch nicht einmal die ersten Schritte zur Bildung gethan hat. Sobald es aber einmal die Initiative ergriffen, müsse der Staat von seiner Bevormundung abstehen und das Recht der Bildungsleitung dem **ursprünglich berechtigten Interessenten** zurückgeben.

Redner bezweifelt, daß die Staatsschule nur für ihre materiellen Bedürfnisse immer hinlänglich gesichert sei; aber hinsichtlich der **geistigen sittlichen Macht** der Schule, um die es sich hauptsächlich handle, stehe es noch schlimmer; denn der Staat habe kein Verständniß vom Schulwesen; man behandle es gerade so, wie die Polizei, die Finanzen und andere Staatsaufgaben, und zuletzt gerathe auch das Schulwesen noch unter den Einfluß oder die Herrschaft der **jedesmaligen Parteipolitik**. — Das größte Uebel erblickt der Redner aber darin, daß das Staatsschulwesen die Schule der **Familie und Gemeinde** entfremdet und sie von der **menschlichen Gesellschaft** abtrenne. Der Schwerpunkt des Unterrichtswesens muß nach seiner Ansicht in der Familie liegen, und darum will er das **Kommunalschulprinzip** an die Stelle des Staatsschulprinzips gesetzt wissen. —

So war denn Herr Dr. P. mit seinem Vortrag glücklich am Ende angekommen. Ein Blick nach der Loge ließ mich unsern hohen Gast vermissen. Seine Königl. Hoheit beglückte nämlich auch den hiesigen „Kindergarten" mit Seiner hohen Gegenwart. (S. w. u.!)

In die Debatte traten nunmehr nicht weniger als **zwölf** Redner aus der Versammlung ein, von denen jedoch nur einer sich entschieden für die **Gemeindeschulen** erklärte. Die Reihe eröffnete Herr Oberlehrer C. Kuhn aus Mannheim, eine interessante Persönlichkeit, eine kräftige, lebendige Natur mit einem warmen deutschen Herzen, der vor und am deutschen Lehrertage eine große Thätigkeit entwickelt hat. Man hatte ihm damit zu stark an die Nieren gegriffen, daß in der Vorversammlung seinem Thema: ob Konfessionsschulen oder Kommunalschulen trotz alles Protestes nicht ein Platz auf der Tagesordnung eingeräumt worden war. Das in ihm lodernde Feuer suchte seinen Krater. Mit einer Löwenstimme sagte er ungefähr Folgendes: Da es ihm nicht gestattet worden, seinen Vortrag über die Frage: „ob Konfessions- oder Kommunalschulen?" zu halten, so werde er seine beßfallsigen Ansichten durch die Presse veröffentlichen. Doch die eine Bemerkung könne er nicht unterdrücken, daß er die Furcht nicht theile, als ob die Erörterung der Frage über Konfessionsschulen zu Gehässigkeiten führe; nach seiner Ueberzeugung sei diese in den Verhältnissen unserer Zeit gegründete Frage einer der ersten und wichtigsten Gegenstände für die Verhandlungen einer allgemeinen Lehrerversammlung, und nicht, wenn man rede, sondern wenn man schweige, setze man sich gegründetem Tadel aus. Der Redner erntete als Ersatz für sein durchgefallenes, zeitgemäßes Thema den lauten Beifall der Versammlung. Ein rechter Eberhard! dachte ich. —

Professor Krebs aus Mannheim, von dem mir leider kein deutliches Bild in der Vorstellung geblieben, dankt dem Antragsteller, Herrn Dr. Paldamus, daß er uns aus dem engeren in den weiteren Kreis des Schulwesens geführt; aber darin kann er ihm nicht beipflichten, daß die von ihm behandelte Frage wichtiger als die über die Konfessionsschulen sei; denn dort handle es sich um Trennung der Schule von dem Staate, hier um Befreiung derselben von der Knechtschaft der Kirche. Män-

kenne sein Freiheitsprinzip, und werde ihm zutrauen, daß er die Rechte der Gemeinden nicht antasten wolle. Aber auf dem Schulgebiet ziehe er die **Monarchie** der Republik vor. Palbamus habe gut reden, denn er gehöre einer Stadt an, die mit dem Staate **Eins** sei. Anderwärts sei dies anders. Er verweist auf ein warnendes Beispiel aus Frankreich und zieht daraus den berechtigten Schluß, daß das Schulwesen zu Grunde gehe, wenn man es den Gemeinden überlasse. Er wiederholt, daß der Staat der **Herr der Schule** sein müsse. „Wenn Sie deutsche Lehrer, deutsches Volk und deutsche Schule wollen, so müssen müssen Sie dieselbe von dem Joch des **Klerus** befreien." (Bravo!)

Herr Stadtpfarrer **Schellenberg** nahm nun das Wort und erklärte sich von seinem eigenen Standpunkte, sowie von dem unseres Staates aus für das Staatsprinzip in Sachen der Schule. Stadt und Gemeinde seien durchaus keine Gegensätze, sondern ein engeres Gebiet in einem weiteren, und beide könnten bei der Unterhaltung, wie bei der Beaufsichtigung der Schule beigezogen werden. Das oberste Recht aber müsse in der Hand des Staates sein. Auch er (Redner) hätte sich gefreut, und zwar von seinem kirchlichen Standpunkte aus, wenn der Vortrag über Konfessionsschulen zugelassen worden wäre und wenn man furchtlos die freie Erörterung dieses Gegenstandes gestattet hätte. (Bravo!) Die Kirche werde den Tag nicht fürchten, an welchem sie der Aufsicht über die Schule enthoben werde, um nur auf ihrem eigenen Gebiete thätig zu sein. (Bravo!)

Wiederum ein Geistlicher mit gesundem Herzen, hellblickenden Augen, lebhaftem Rechtsgefühl, und offenem Gerechtigkeitssinn!

Herr Superintendent Dr. **Schulze** trat auf die Seite seines Amtsbruders mit der Nachricht, daß in dem Herzogthum Gotha-Koburg die längst ersehnte Abnahme der Schulaufsicht durch die Geistlichkeit als vollendete Thatsache zu betrachten sei. Mit der Berufung des hier anwesenden Dr. Schmidt aus Cöthen zum Schulrath hat das Werk der Trennung begonnen und die Zeit liegt nahe, daß den bisherigen Superintendenten die Schulinspektion abgenommen und sie in andere Hände übergehen werde. — So weit, dachte ich, sind wir in Preußen noch nicht, obgleich diese Frage, die zu den brennenden gehört, in Synoden z. B. in der zu Brandenburg zur Erwägung gezogen worden ist, und das zu hoffende Unterrichtsgesetz der Angelegenheit nicht ungünstig zu sein scheint.

Der von Gerechtigkeitssinn erfüllte Herr Dr. **Eltmen** aus Kassel entschied sich mit großer Klarheit dahin, daß man nicht fragen solle, „ob Staats- oder Kommunalschule," sondern: was ist zu thun, daß die Schule, sie sei Staats- oder Kommunalschule, nicht nur keinen Schaden nehme, sondern gut werde. Die Schule der Gemeinden ganz zu überlassen sei noch nicht an der Zeit, weil die meisten die Schule nicht nach Gebühr zu würdigen wissen; aber sie ganz dem Staat anheim zu geben, dürfte von nachtheiligem Einfluß auf den Gemeindesinn sein. Ist die Gemeinde von rechter Art und der Staat wie er sein soll, so wird eine Schulverfassung erstehen, in welcher die Rechte und Pflichten beider gehörig gewahrt sein werden. Nur keine ungerechte Superiorität!

Anderer Meinung war mein Landsmann, Herr Wander, der sich mancherlei Notizen gemacht zu haben schien. Er trat mit dem Bekenntniß hervor, daß er vor zwanzig Jahren in einer Broschüre „die Volksschule als Staatsschule" vertheidigt habe, im Hinblick auf den idealen Staat; jetzt aber, da dieser gar nicht ideal sei, für „Gemeindeschulen" sich erklären müsse. Nach Wander leistet das freie Schulwesen mehr als die Staatsschule. Schade, daß das Organ meines Freundes Wander nicht ausreichte, um in dem gefüllten Raume der Trinitatiskirche mit allen anderen zum Theil pikanten Bemerkungen zu den Anwesenden zu dringen.

Aber Dir. Denhard aus Hanau fand sich veranlaßt, gegen die Annahme des unentwickelten Staates und der idealen Familie das Wort zu ergreifen. Er stimmte Clemen bei und sprach warm und nachdrücklich.

Herr Rittinghaus aus Lüdorf wollte in längerer Rede auseinandersetzen, daß das Leben die Schule bilde, und schien von der Sache abzuschweifen, so daß der Präsident glaubte, ihm den freundlichen Wink ertheilen zu müssen, den Vortrag auf die Hauptsache zu beschränken, da noch fünf Redner das Wort begehrten.

Diesem folgte nun der liebe, gern gesehene und gern gehörte Dir. Bertheit aus Dresden und legt sein Bekenntniß für Staatsschulen unter folgenden drei Beschränkungen ab: 1) daß dem Lehrerstand ein Einfluß auf das Schulwesen garantirt, 2) die freie Lehrerkonferenz und 3) die freie pädagogische Presse hergestellt werde. (Lebhafter Beifall.)

Ihm schließt sich Dir. Janson aus Bremen an, indem der Staat die organisirte Gesellschaft sei. Freund Dr. Meier aus Lübeck stimmt für den Vergleich zwischen den die Schule leitenden Gedanken. Auch Stadtpfarrer Riede aus Reussen will auf dem Schulgebiete einheitliches Regiment, aber constitutionelle Monarchie. Lehrer aus Mosbach unterhält die Versammlung durch Mittheilung einer Erfahrung aus dem Schulleben zur Beleuchtung der besseren Staatsaufsicht. Schließlich erhielt der Referent, Herr Dr. P., noch das Wort. Derselbe fand sich veranlaßt, folgende vier Sätze seines Vortrages zurückzulegen:

1. Eine wahrhaft gedeihliche Entwickelung des Unterrichtswesens

ist nur dann möglich, wenn das Prinzip des Staatsunterrichts aufgegeben wird.
2. Als Fundament des Unterrichts ist Familie, Schulgemeinde und Schulgenossenschaft zu betrachten und zu fordern.
3. Als Ausgangspunkt kann die bürgerliche Gemeinde dienen, als eine von bureaukratischen Elementen gereinigte Genossenschaft.
4. Aufgabe des Staates bleibt Einsetzung einer Oberaufsichtsbehörde, jedoch durch ein die Gemeinde nicht zu eng begrenzendes Gesetz, sowie Darreichung etwa fehlender nöthiger Mittel.

„Gottlob, es geht nunmehr zum Ende" mögen Viele ausgerufen haben, denn vier Uhr war herangekommen und die Magen, welche an die Mittagsstunde gewöhnt sind, waren lange genug zur Ruhe verwiesen und getröstet worden. Ich aber will die Feder nicht aus der Hand legen, ohne dieser Federzeichnung eine Schluß-Cadenz beigefügt zu haben. —

Meiner Ueberzeugung nach bilden Staat und Gemeinde, wie Mann und Weib, eine Ehe, einen Leib, — eine Zweieinigkeit. Soll Friede zwischen Staat und Gemeinde herrschen, so müssen sie sich gegenseitig des geschlossenen Vertrages gemäß verhalten. Der Staat soll im Herrschen nicht seine Befugniß überschreiten und die Gemeinde in der Erfüllung ihrer Pflichten sich nicht widerwärtig zeigen. Es muß zwischen beiden niemals so weit kommen, daß Eines oder das Andere in der Zweieinigkeit sagt: „Du mußt", sondern „ich will." In der rechten friedlichen Ehe sagt der Mann: „ich will, wie du willst", und die Frau erwiedert: „ich will, wie du willst". — Meine Meinung ist also: „Weder ausschließlich Staatsschulen, noch ausschließlich Gemeindeschulen," sondern überhaupt nur „Schulen," bei welchen sich Staat und Gemeinde in ihren Pflichten vertragsmäßig betheiligen. Staat und Gemeinde dienen einander zur Ergänzung. Alle Konflikte zwischen beiden Gewalten haben ihre Quelle in dem unklaren Grund und Boden der Verfassung. Ich möchte wol wissen, wie es um unser Bildungswesen stehen würde, wenn sich der Staat, der an Intelligenz über der Gemeinde steht (wie der Mann über seiner Frau,) nicht der Jugendbildung angenommen hätte; und möchte ebenso fragen, wie es mit dem Staate stehen würde, wenn den Gemeinden die Sorge für die Bildung der Jugend anheim gestellt bliebe. Beachten wir doch die Erfahrungen der Lehrer; sie werden uns sagen, wie es mit der Willfährigkeit der Eltern besonders aus den niedern Ständen in Bezug auf die Bildung ihrer Kinder steht. — Mit Zwang führen sie ihre Kinder der Schule zu, ohne Noth halten viele ihre Kinder vom regelmäßigen Besuch der Schule ab, mit Sehnsucht sehen sie dem Tage des Ausscheidens ihrer Kinder aus der Schule entgegen, schweren Herzens geben sie dem Lehrer das mühevoll erarbeitete geringe Schulgeld, mit Unhöflichkeit vergelten sie dem Lehrer die bestraften Schülerfehler, mit liebloser Härte urtheilen sie über die Vorkommnisse der Schule, sogar über den Unterricht, ohne Gewissensbisse sehen sie in das Elend einer Schullehrerwittwe und der Schullehrer-Waisen ꝛc. Daß die Gemeindeschulen freie Schulen seien, bezweifle ich sehr; das Anpreisen der „freien Schule" in Amerika möchte bei denjenigen keinen Anklang finden, die da (wie ich) wissen, ein wie schlechter Geist die Jugend daselbst beseelt, wie unsicher die Stellung eines Lehrers daselbst ist, wie ungenügend die wahre Bildung, in Folge des willkürlichen Wechsels mit den Lehrer auffallen müsse ꝛc. Meine Staatsschulen haben allerdings auch der Schattenseiten in Menge, die von Herrn Dr. Palbamus nicht unaufgedeckt geblieben sind. Darum mein ceterum censeo: „Weder ausschließlich Staatsschulen, noch ausschließlich Gemeindschulen," sondern gerechtes friedliches Zusammenwirken beider Gewalten. Dann wird Segen über unsere Schulen kommen. —

7. Die siebente Federzeichnung.

Bald nun schlägt die letzte Stunde
Da bei uns mit Herz und Munde
Ihr der Wahrheit Zeugniß gebt. —
Laßt das Trennungswort uns meiden,
Unser Abschied ist kein Scheiden,
Da die Freundschaft ewig lebt.

Also sangen die Versammelten in der Trinitatiskirche beim Beginn der dritten und letzten Hauptversammlung nach der Melodie: „Brüder reicht die Hand zum Bunde" in erhebender Weise.

Und es trat nach Verkündigung der Tagesordnung vom Präsidenten Herr Dir. Professor Dr. Schröder aus Mannheim vor die Versammlung, um sein Thema: „Der Mangel an aller wehrhaften Erziehung der Jugend" zu erledigen. Es macht die Persönlichkeit des Redners in aller Beziehung einen angenehmen Eindruck — ein angenehmes Organ, laut und vernehmlich, ohne sich besondern Zwang anzuthun, ruhig fließende Sprache, klare Gedanken in einfach stillsirter Form. — Herr Dir. Dr. Schr. versicherte von vornherein sich der Kürze zu befleißigen; ohnehin sei er durch die kurze Zeit, welche ihm für seinen Vortrag vergönnt worden, dazu genöthigt. Das ihm vom „Ausschuß des allgem. deutschen Lehrertages" übertragene, gleichsam octroirte Thema finde er so wichtig und zeitgemäß, daß er gern darüber ein paar Worte an diesem Ort, von dieser Stelle und zu dieser Versammlung sagen wolle.

Es sei die Aufgabe der Schule, den jungen Menschen vor dem Eintritt in eine Berufsarbeit kräftig werden zu lassen. Einseitiger Weise fasse aber unsere Schule nur die intellektuelle Seite in's Auge und vernachläßige die körperliche Entwickelung, desgleichen auch die Bildung des Charakters. Auf der „Naturforscherversammlung" in Speyer sei auch dieser Gegenstand angeregt und der Rath gegeben worden, die geistigen Anstrengungen der Jugend auf die Hälfte zu reduciren, was von der Versammlung mit allgemeinem Beifall aufgenommen worden sei. Für die Wehrhaftmachung der Nation werde in unsern Staaten mehr als ein Drittel der Staatseinkünfte geopfert: ob es denn nun Recht sei, daß die Erziehung einem so wichtigen Staatszwecke gar keine Rechnung trage? Alsdann betrachtet er die

Sache vom pädagogischen Standpunkte, weist auf die Verkehrtheit und den Widerspruch hin, die Erziehung für das Leben fast nur mit Abstraktionen auszufüllen, und gibt den Rath, der Jugend schon die Mühen des Soldaten aufzuerlegen, damit sie dann später in dem Alter der Reife zur Vertheidigung des Vaterlandes geschickt sei. Er verweist auf das Beispiel der Schweiz, wo die Jugend frühzeitig in den Waffen geübt und dadurch zur Vaterlandsliebe erzogen werde. Auch unsere Jugend sei der patriotischen Begeisterung fähig, was sich schon zeige, wenn man sie mit schwarz-roth-goldnen Farben schmücke. Es gebe ein untrügliches Zeichen, daß in unserer Erziehung Etwas versäumt werde. Man sei nämlich doch wol zu der Voraussetzung berechtigt, daß der Erwachsene mit einem gewissen Entzücken auf seine Jugend zurückblicke und sich an die Schulzeit als an die schönste seines Lebens erinnere. Das sei aber nicht oder doch nur ausnahmsweise der Fall, und der Grund hiervon liege in der Zurücksetzung des Charakters und der sittlichen Entwickelung. Dieses Alles werde nicht anders, nicht besser werden, als bis der Staat und die Gemeinden von dem Bewußtsein durchdrungen werden, daß es die Aufgabe der Schule sei, dem Vaterland kräftige, mannhafte und wehrhafte Männer zu erziehen. Blicken wir demnach auf das Vorbild unserer Brüder in der Schweiz! Wenn auch wir unsere Jugend in dieser Weise erziehen, dann werden wir auch ein thatkräftiges Volk bekommen, auf welches das Vaterland rechnen kann. (Beifall!)

Einen zweiten Vortrag über ein verwandtes Thema, nämlich über die Erziehung zur Mannhaftigkeit, hielt Herr Schnell, ein Mann, „schnell" in Gedanken, „schnell" zum Worte und „schnell" zur That. Das warme Herz für den Gegenstand zeigte sich in der Begeisterung, mit welcher er sprach. Nachdem der Redner die von Andern bezeichneten Bestandtheile und Bedingungen der Vaterlandsliebe aufgezählt hatte, bemerkte er, daß auch die deutsche Mannhaftigkeit dazu gehöre. Aber gerade in dieser Beziehung leide unsere Erziehung an einer bedauernswerthen Einseitigkeit, wie schon Jean Paul in seinen Schriften nachgewiesen habe. Es sei eine Natur- und zugleich Kulturforderung, unsere Jugend zur Mannhaftigkeit zu erziehen, damit zu seiner Zeit der Mann ein rechter, ein ganzer Mann sei. Schn. wirft einen Rückblick auf die klassischen Zeiten, auf die alten Kulturvölker, insbesondere die Griechen und Römer, bei denen die Mannhaftigkeit sich als Tapferkeit darstellte und gleichbedeutend mit Tugend war. Auch bei unsern deutschen Vorfahren sei die Mannhaftigkeit in hohem Ansehen gestanden, und daher stamme der ächt deutsche Spruch: „ein Mann, ein Wort." Um die deutsche Mannhaftigkeit an konkreten Beispielen anschaulich zu machen, wird an den Turnvater Jahn, M. Arndt und Friesen erinnert.

Hierauf spricht Redner von dem Werth der Ausbildung des Gefühls, welches, gegenüber dem Verstande, von Manchem so gering geschätzt werde. Das Gefühl sei die Wurzel des geistigen, persönlichen Lebens und das Gefühl der Jugend müsse früh für **Ehre** und **Selbstbestimmung** belebt werden, damit sie ein Herz gewinne für alle großen und erhabenen Zwecke. Aber das Gefühl **allein** mache es freilich nicht; das Höchste des Mannes sei weder das Gefühl, noch der Gedanke, sondern die **That**. An der That wird man den **Mann** erkennen, in ihr offenbart sich die Mannhaftigkeit. Man findet oft sehr hochgebildete und durch Wissenschaft ausgezeichnete Männer, die aber keinen **Charakter**, keine **Mannhaftigkeit** haben. Die Wissenschaft ist nicht für Alle, aber die Sittlichkeit ist unser Aller Bestimmung, und zu ihr hinzuführen, ist unsere Aufgabe. „Vor dem Sklaven, wenn er die Kette bricht, vor dem Menschen erzittre nicht." (Großer Beifall.)

Mit Wonne weilte mein Auge auf den beiden Männern, denn die in der Tiefe ihres Herzens wurzelnden Gedanken, mit Begeisterung gesprochenen Worte berührten Saiten in mir, die mich an mein früheres Lehrerleben in Kreuzburg und Neiße erinnerten; ich sah mich in den Kreis meiner Schüler versetzt, in denen ich die hier zur Sprache gebrachten Gefühle zu wecken, zu nähren und zu steigern suchte. (S. meine Erlebnisse als Schulmann!) — Zur Frische eines Jünglings fühlte ich mich durch Zschetzsche aus Zürich erhoben, der vom Platze aus kraft- und saftvolle Schilderungen über die Wehrhaftmachung der männlichen Jugend in der Schweiz zum Besten gab, und durch dieselbe die Blicke der ganzen Versammlung auf sich zog. Wie bedauerlich ist es, daß ich nicht im Stande bin, von dem Vernommenen das Ganze in diese Federzeichnung aufzunehmen; ich müßte Zschetzsche angezogen haben oder Zschetzsche müßte in mich eingezogen sein und Wohnung in mir genommen haben, wenn ich berichten sollte, wie er gesprochen. Darum nur Einiges von den „jugendlichen Waffenübungen" in der Schweiz. Die Schweizer-Jugend erhält mit dem Schulunterricht auch militärischen Unterricht. Dieser beginnt schon im 10. Jahre. Die Einrichtung hat mancherlei Einwendungen von Seiten der Lehrer veranlaßt. Die milit. Uebungen behagen einerseits den Knaben nicht, weil sie ermüden, andererseits greifen sie störend in den Schulunterricht ein, von dem ihr Sinn abgelenkt werde. Es ist festgesetzt worden, daß erst im 12 Jahre mit dem militärischen Unterricht angefangen werde, der dann bis zum 17. Jahre dauert. Von dem geordneten Lehrgange und Geiste dieses Unterrichts hängt der Erfolg ab, und diesen schildert Z. als einen bedeutenden. Auf Anstand und Sitte, auf Fügsamkeit in die Anordnungen, pünktliche Ausführungen der Uebungen wird mit Strenge gehalten. Wer zum Unteroffizier, Feldwebel, Offizier aufgestiegen, aber sich darin nicht bewährt, der wird des Abzeichens entkleidet, seiner Funktion entbunden und muß wieder in die Reihen eintreten. Das weckt und erhält das Gefühl für Ehre, stählt den Charakter und bewahrt vor Dünkel, Keckheit und Uebermuth. Der Redner erwähnt, daß aus dem Cadettencorps der Schulen die Blüthe des schweizerischen Offiziercorps hervorgehe; Schulmeister und Pfarrer seien zum Theil die besten Offiziere. Das Gefühl der Zusammengehörigkeit werde durch die Uebungen dieser Cadettencorps belebt. Als Grundlage und Vorbereitung dieses Unterrichts sei der zweckmäßig geleitete Turnunterricht zu betrachten; auf diesen habe man vor Allem seine Sorge zu wenden, alle Spielerei sei von dem militärischen Unterricht fern zu halten, das Turnen sei nicht militärisch, und die Waffenübungen nicht turnerisch zu betreiben, letztere seien vielmehr als ernste Vaterlandsliebe zu behandeln. (Lebhafte Beifallsbez.)

In dieser Angelegenheit erhielt auch Herr Dir. Dr. Stern aus Frankfurt a. M. das Wort. Wir stehen, sagte er, wieder einmal vor einer brennenden Frage. Es sei wünschenswerth, daß Jeder über den vorliegenden Gegenstand eine feste Entschließung mit nach Hause nehme. Es komme nur darauf an, daß man über die Mittel und Wege der Ausführung klar werde. Er müsse daran erinnern, daß die Verhältnisse und Bedingungen in Deutschland eben doch von jenen in der Schweiz verschieden seien. Nur die Vorübungen könnten bei uns in die Schule verlegt werden; die wirklichen militärischen Uebungen gehörten aber vor dem zurückgelegten 15. Jahre noch nicht hierher, und sollten auch nicht zu lange fortdauern, weil sie sonst zu Abspannung, Ermüdung und Blasirtheit führten. — Jschetsche erwiederte hierauf, daß der Anfang der Waffenübungen von der physischen Beschaffenheit der Knaben abhänge und hiernach früher oder später eintreten könne. Dringend zu empfehlen aber sei der Anschluß der „militärischen Uebungen" an die Schule, weil sie neben der Schule nur derselben schaden und zu beständiger Collision mit ihr führen. Man möge nicht, wie Stern aus Frankfurt, ein bestimmtes Lebensjahr als Beginn der militärischen Uebungen allgemein gültig feststellen; es käme hier auf den Grad der körperlichen Entwickelung des Knaben an; bei manchen könne man im 11. Jahre beginnen, bei andern sei es im 15. Jahr noch zu früh. Er (B. —) begreife nicht, wie Manche Bedenken tragen können, dem Vortrage Schröders beizustimmen; in unserer Zeit mit ihrem trüben Horizont sei die Uebung der Jugend in den Waffen wahrlich kein Hochverrath.

Wie es in dieser Beziehung im Preußischen Staat gehalten werde, nämlich daß man hier das Turnen eifrig und sorgsam pflegt, aber ohne in die militärischen Uebungen einzugreifen, das hätte ich gern noch auseinandergesetzt; aber ich unterließ es aus mehrfachen Gründen. Wie es damit in den Bayer'schen Seminarien gehalten werde, das wurde von dem lieben Herrn Sem.-Inspector Petersen aus Kaiserslautern dargelegt. Die Seminarien seien, sagte er, eine der wichtigsten Stätte zur Betreibung des Turnes. Im Seminar zu Kaiserlautern werde das Turnen nach dem System des Spieß getrieben und in möglichster Weise als Kräftigungsmittel des Körpers kultivirt.

Dir. Dr. Schröder erklärt, daß er mit den Vorrednern Zschetsche und Stern, einverstanden sei, möchte jedoch wünschen, daß wir uns in unserer Waffenübung uns nach dem Vorgange — nicht nach dem Vorbilde — in der Schweiz richten wollen. Wie steht es in dieser Beziehung bei mir? Ich will auch hier die in mir angeregten Gedanken nicht im Verschluß halten.

1. Soll das, was die „Naturforscherversammlung" in Speyer über die Reducirung der Schulstunden und folglich auch der Schularbeiten der Schüler auf die Hälfte, ausgeführt werden, so möge sie sich mit den Oberschulbehörden ins Vernehmen setzen, und diese veranlassen, der gesammten Schulverfassung und Schulverwaltug eine andere Grundlage zu geben und Zweck und Ziel der Schulbildung nach ihrem Sinn normiren, dabei aber auch bedenken, ob es dann weder an gründlichen, wissensreichen Gelehrten, noch an solchen Beamten und Geschäftsmännern fehle. Bis jetzt haben Lehrer und Schüler vollauf zu thun gehabt und mit der Zeit haushalten müssen, daß die Leistungen den Forderungen der Schulbehörden entsprechen. Die Lehrer treffe in dieser Beziehung kein Vorwurf. —

2. Die Erziehung zur Mannhaftigkeit steht mir höher als die zur „Wehrhaftigkeit," denn diese kann erzielt werde, ohne jene dem innern Gehalte nach zu besitzen. In Fichte, Arndt, Uhland, Schiller, Göthe, L. Jahn, Friesen u. A. waren jene Männertugenden: Sinn für Wahrheit, Recht u. s. w. in hohem Maße vorhanden, ohne sich in den „kriegerischen Waffen geübt" zu haben. Ein „wehrhafter Jüngling und Mann" kann als solcher gelten, ohne die Tugenden, welche die Mannhaftigkeit fordert, zu besitzen. Zur Mannhaftigkeit führt das Turnen ohne „militärische Uebungen," nicht umgekehrt; die Erziehung zur Mannhaftigkeit kann jedoch von der Schule nicht ausschließlich gefordert werden, dem Hause — der Familie — dem Gemeindeleben fällt ein gut Theil zu. Darum muß auch mit letzterem eine Erreichung des Zweckes und Zieles entsprechende Umgestaltung vorgenommen werden. — Wie ist das möglich?

4. Es ist der „physischen Lebensweise" — der Ernährung — gar nicht gedacht worden, und doch hängt von dieser außerordentlich viel ab, wenn der mannhafte Sinn der Jugend auf einer sittlichen Grundlage ruhen soll. Welchen Einfluß hat nicht das frühe Tabackrauchen, der Genuß geistiger Getränke, die Kneipereien u. s. w. auf die Kräftigung und Entkräftung der Jugend!

4. Man hat ferner den Einfluß der Mutter und überhaupt des weiblichen Geschlechts auf die Bildung des Sinnes für Mannhaftigkeit

außer Acht gelassen; und doch wissen wir, wie groß derselbe ist; wir wissen, daß die Mütter solcher Männer, deren **mannhafter Sinn** gerühmt wird, einen wesentlichen Antheil daran gehabt haben.

Wie viel ließe sich hierüber noch sagen und schreiben! Doch will ich diesen Gegenstand nicht weiter verfolgen, sondern zu den weitern Verhandlungen in der Trinitatiskirche übergehen.

Ein Gegenstand, der schon in zwei früheren Lehrertagen in Angriff genommen worden war, den Stand „der Orthographischen Frage" betreffend, kam zur Erledigung. Eine Einigung in dieser Sache war nicht bei allen deutschen Regierungen erzielt worden. Die auf der 13. allgemeinen deutschen Lehrerversammlung zu Gera niedergesetzte Commission erstattete Bericht, der zu einer lebhaften Debatte über die Herausgabe eines Schriftchens über Orthographie unter Redaktion des Herrn Dr. Panitz aus Leipzig führte. Die Schrift wird auf dem Titel den Zusatz: „der allgemeinen deutschen Lehrerversammlung „zur Prüfung" vorgelegt" erhalten. Prof. Dr. Ziller aus Leipzig, der sich um die Errichtung einer „Uebungsschule" zu Leipzig für die Universitäten so große Verdienste erworben und für die Pädagogik ein so warmes Interesse an den Tag gelegt hat, betheiligte sich insbesondere mit **Clemen** aus Kassel an der Verhandlung, die zu einem **friedlichen** Ende gelangte.

Der Präsident brachte zur Kenntniß der Versammlung, daß noch auf viele Vorträge verzichtet werden müsse, z. B. auf den des Herrn Dr. **Meier** aus Lübeck „über die Vergnügungssucht", des Herrn **Wander** über das „Jungbleiben der Lehrer" zc., des Herrn **Kaiser** aus Wien über „Lehrermangel", des Herrn A. **Schmidt** aus Naumburg über „die Würde des Kindes" — und auf mehrere Andere, wie auch auf den von **Scholz** aus Breslau über den an das preußische Abgeordnetenhaus gerichtete Antrag der schlesischen Lehrer, betreffend die „Lehrerbildung" und „die Errichtung von Mittelschulen in großen Städten". Nachdem die Versammlung sich hiermit einverstanden erklärt, Herr Oberlehrer **Spengler** dem vor wenigen Wochen verstorbenen Reallehrer **Heckmann**, einem rührigen Mitgliede der vorjährigen Versammlung zu Gera, einen ehrenden Nachruf gewidmet, auch die Wahl des Herrn Dir. **Bertheit** als Mitglied des Ausschusses an die Stelle des verstorbenen würdigen Dir. **Vogel** in Leipzig genehmigt worden war und sich Herr Dr. M. **Schulze** bereit erklärt hatte, das Amt des geschäftsführenden Mitgliedes des Ausschusses auch für den 15. allgemeinen deutschen Lehrertag zu behalten, setzte der Präsident Herr **Theodor Hoffmann** allen Verhandlungen in der Trinitatiskirche durch sein ausgezeichnetes, aus dem Gedächtniß nicht wiederzugebendes Schlußwort die Krone auf. Dieses Schlußwort allein würde sich zu einer besonderen schönen Federzeichnung eignen, wenn ich im Besitz der Rede wäre. Sehr treffend skizzirt das Mannheimer Tageblatt das Schlußwort so:

„Die Rede des Herrn Präsidenten verbreitete sich in einem Rückblicke voll innerster Befriedigung über den ungeahnten Umfang und die äußere Erscheinung der Versammlung, zusammengesetzt aus allen Stufen des Lehrerstandes, von den Kindergärten bis zur Universität, und aus allen deutschen Staaten von der Nord- und Ostsee bis zum adriatischen Meer, aus Vertretern zugleich von der Schweiz, von Holland, von Rußland, von Frankreich; sodann über das Wirken der Versammlung, über ihre Arbeiten, die das ganze Wesen der Schule, ihre äußere Stellung zum Staate, ihr inneres Leben, ihre Zwecke und Mittel umfaßten; ferner über den Geist, von dem sie selbst beseelt gewesen, der Geist der Wahrheit und Klarheit, der brüderlichen Liebe und Duldung, der Geist der bewußten Zusammengehörigkeit, durchweg getragen von dem Ernst und der Würde ihrer Aufgabe: sowie über den Segen, der aus der gemeinsamen Verfolgung solch edler Zwecke für das Ganze, wie für den Einzelnen hervorquillt. — Uebergehend zu den Pflichten, die der Versammlung noch obliegen, spricht der Herr Präsident von dem Danke, den dieselbe schuldet dem Local-Comitee für seine umsichtige Mühewaltung; dem Kirchenvorstande für die Oeffnung des Gotteshauses zur Haltung eines Gottesdienstes, der die Kinder führet dahin, wo das Himmelreich ist; den Vertretern der Stadt, den Behörden der Stadt, sämmtlichen Einwohnern der Stadt Mannheim für den herzlichen Empfang und die freundliche, opferwillige Gastlichkeit innerhalb ihrer Mauern. — Insbesondere bittet der Herr Präsident das Lokal-Comitee, an Sr. K. H. den Großherzog den nochmaligen ehrfurchtsvollen Dank der Versammlung zu übermitteln, für das huldvolle Wohlgefallen, mit welchem der hohe Herr auf die Versammlung geblickt und für die erhebende Theilnahme, die er ihrem Streben gnädigst gezollt hat. „Reich beschenkt ziehen wir heim und lassen nur Eines zurück: die schwache Gabe der Dankbarkeit für die schönen hier verlebten Tage — nehmen aber mit das Gefühl der Hochachtung vor Mannheim, der Hochachtung vor dem Volke Badens; allerwärts werden wir Zeugniß ablegen von dem hier waltenden Geiste, und nicht rasten, bis wir alle Eins sind in demselben Geiste. Festhalten werden wir an dem heiligen Gelübde, nimmer zu weichen von der betretenen Bahn, so lange noch das Herz schlägt und die Hand nicht müde niedersinkt." „Dank aber, ewigen Dank demjenigen, der Kraft gibt zum Vollbringen und Segen dem Werk unserer Hände! Alles zu Seiner Ehre allein!"

Nach einem donnernden dreifachen Hoch, auf Se. K. H. den Großherzog — nach einem donnernden dreifachen Hoch! auf den verehrten Präsidenten, Herrn Th. Hoffmann erklärt dieser, Schlag 12 Uhr, die 14. allgemeine deutsche Lehrerversammlung für geschlossen.

Die feierlich gestimmte Versammlung fingt unter den mächtigen Accorden der Orgel den Schlußgesang:

> Reichet denn die Hand zum Bunde,
> Knüpft in dieser Weihestunde
> Enge unser Freundschaftsband.
> Pflegt der Jugend zarte Blüthen,
> Dann wird gnädig Gott behüten
> Unser deutsches Vaterland.

8. Die achte Federzeichnung.

Bei der Stimmung, in welche ich mich bei der vorherigen Federzeichnung erinnerungsweise versetzt fand, vermochte ich keinen Federstrich dem Bilde hinzuzufügen. Herz und Gedanken concentrirten sich gleichmäßig auf die Betrachtung des Herrn Theodor Hoffmann, dessen meisterhaftes Schlußwort einen wunderbaren Eindruck in mir zurückließ. Es steht im Leben gar Mancher nicht auf dem rechten Platze; so auch unser lieber Hoffmann nicht. Aber in Mannheim nahm er die Stelle ein, die ihm gebührte, und in der er von keinem Andern übertroffen worden wäre. Dieser kleine, einfache, schlichte, stille, ruhige Mann, wie musterhaft präsidirte er! wie scharf war sein geistiges Auge, wie fein sein geistiges Ohr, wie milde sein Herz, wie fest sein Wille, wie gerecht sein Urtheil, wie kräftig das sanfte Wort, wie klangvoll seine Stimme! Wahrlich, der Mann ist zu einem Präsidenten innerlich und äußerlich berufen. Hoffmann wäre ein Kultus-Minister von Gottes Gnaden! das sind die Gedanken, die ich aus der Trinitatiskirche mitnahm und in mir aufbewahrt habe.

Aber gottlob, daß Hoffmann weder der Präsident einer Oberschulrathsbehörde noch der Kultusminister eines Staates ist, dann bleibt er auch fernerhin der Ober-Präsident des „Allgemeinen deutschen Lehrertages." Wir dürfen nun nicht die Besorgniß hegen, daß die veränderte höhere Stellung ihn zum schweigenden Theilnehmer an solcher und zum stillen Beobachter einer Lebensäußerung deutscher Lehrer wie die in Mannheim war, umstempeln werde. Diese Erfahrung machten wir an einem Oberschulrath, der auf der Versammlung in Gera ein beredter, liebenswürdiger Festgenosse war. — Freilich hat eine große Anzahl pädagogischer Kapazitäten von Rufe nicht das Wort in der Versammlung ergriffen; aber sind sie deswegen wol nach Mannheim gekommen?

Das Verzeichniß der Theilnehmer an den Vorgängen in diesen denkwürdigen Tagen schließt mit der Nummer 2873 ab. Und wenn in dieser Summe auch eine bedeutende Anzahl Persönlichkeiten, die nicht dem Schulstande angehörten, mit inbegriffen ist; so verbleibt doch noch eine unübersehbare Menge — ich rechne ¾ — übrig. Dennoch habe ich noch gar Manchen vermißt, dessen persönliche Begrüßung mir eine rechte Herzensfreude gewesen wäre. So z. B. Dr. Curtman in Friedberg, Lauckhard in Weimar. Viele Andere, denen ich gern auch die Hand gereicht hätte, waren zwar anwesend; aber ich erfuhr ihre Gegenwart zu spät aus dem Tageblatt, und in der Trinitatiskirche war eine solche Begegnung weder möglich, noch zulässig. Dahin gehören zunächst viele Seminarlehrer und Seminar-Direktoren, dann mehrere mir als pädagogische Schriftsteller wohlbekannte Collegen, wie z. B. Dr. Schöbler aus Worms, Verfasser der trefflichen Schrift: „Das Buch der Natur," das mir so große Dienste geleistet, Dr. Lübeking, Prof. in Wiesbaden, dessen franz. und engl. Lehrbücher in meinen Anstalten eingeführt sind, Dr. Schmid aus Stuttgart, dessen pädag. Encyklopädie mir schon vielen geistigen Nährstoff gewährte, Wiegand aus Worms, der auf dem Gebiet der deutschen Sprachforschung so Vorzügliches geleistet, Dr. Prof. Cassier aus Frankfurt, aus dessen Geschichtswerk ich auf einen tüchtigen Lehrer schließen darf, Dr. Sommerlad, Dr. Kühner von daher, u. s. w. Viele der Anwesenden haben mir ihre Hand gereicht, die ich gern festgehalten hätte, z. B. die des Herrn Seminar-Direktor Dr. Eisenlohr, bei dessen Anblick ich in mir eine ganz besondere Regung wahrnahm; denn es trat lebendig vor meine Seele seine treffliche Schrift über Schleiermachers Pädagogik, und viele von ihm verfaßte durch Klarheit sich auszeichnende Aufsätze; aber ich sah ihn doch und habe ein wenn auch nur mattes Bild von seiner Persönlichkeit in mir. Neben ihm stand Dr. Fölsing aus Darmstadt, ein Mann, der auf dem Gebiet der Erziehung von Vor-Schulkindern sich so verdienstlich erwiesen hat, — eine angenehme Persönlichkeit, aber ein Anti-Fröbel. Gleichzeitig reichte mir Dr. Zimmermann, Hofpr. in Darmstadt, die Hand, die ich so erfaßte, als wäre sie die seines Vorgängers, des Gründers der allgemeinen Schulzeitung, — ein freundlicher Herr von mittler Statur. Daran reihte sich Prof. Dr. Georg Weber aus Heidelberg, eine gedrungene frische Gestalt mit deutschem Wesen, bei dem es mir wie bei Eisenlohr erging; denn ich verehre diesen Herrn wegen seiner Werke auf dem Gebiete der Geschichte und der deutschen Literatur, an denen sich Herz und Geist meiner Schülerinnen gelabt. Auch mit Direktor Gutbier, ein schlank gewachsener Herr und mit Herrn Keiser aus Langensalza, dem Verfasser mehrer Schulschriften, begrüßte ich mich. Von großem Interesse war es für mich, dem Herrn Schulrath Dr. Becker aus Wien, diesem ausgezeichneten Arbeiter im österreichischen Schulwesen, ein

Mann von Geist und Leben und leicht zugänglichem Wesen, persönlich näher getreten zu sein. Herzlich war die Begrüßung des würdigen, Sem.-Dir. Brösing aus Zittau, dessen Bekanntschaft ich schon im Jahre 1848 in Dresden gemacht hatte, des Schul.-Dir. Herrn See liger aus Bauzen, einer deutschen d. h. geraden Natur mit herzgewinnendem Wesen, des Herrn Pastor Schneider aus Walbeck, in welchem ich, da wir in Heidelberg fast immer beisammen waren, den echten Lehrerfreund erkannte, des Herrn Haesters (gelesen Hasters) aus Werden, der mich an sein vielverbreitetes Lesebuch erinnerte.

Wann würde ich aufhören können, die Namen von theuren Collegen zu nennen, mit denen ich in nähere Berührung getreten! Ich muß dem Herzen Zwang anlegen. Doch würde dieser Federzeichnung ein dieselbe verschönernder Strich fehlen, wenn ich nicht noch Einiger in Kürze gedenken wollte. Hieher gehören: die Herren Oberschulräthe Gruner und Pflüger aus Karlsruhe, zwei famose Gestalten und als Pädagogen der Pestalozzischen Schule durch Wort und Schrift vortheilhaft bekannt; neben diesen die Oberschulräthe Badens Dr. Frick und Deimling, von denen ich ersteren durch eine pädag. Schrift kenne und schätze. Als Zierde dieser Baden'schen Oberschulräthe, die in der Trinitatiskirche von der einen Loge aus durch ihre Persönlichkeit Respect einflößten, darf der Director des Badenschen „Oberschulraths" Herr Knies nicht ungenannt bleiben. (S. w. u.) — Die Tafel im „Badener Hofe" brachte mich in die unmittelbare Nähe des Herrn Prof. Dr. Heppe aus Marburg, den Verf. und Herausgeber jenes umfassenden Werkes: Geschichte des „deutschen Volksschulwesens", der durch seine ansehnliche äußere Erscheinung imponirt. Wie wohl that es meinem Herzen, auch einige Schulmänner aus der Schweiz begrüßen zu können; außer Herrn Rector Zschetsche erwähne ich den Herrn Seminar-Direktor Kettiger aus Wettingen, eine kleine gedrungene kräftige Gestalt mit sonorer Stimme und einem menschenfreundlichen mittheilungsbedürftigen Herzen; ferner die Herren Direktoren Dr. Dula aus Luzern, Fries aus Zürich und — Fröhlich aus Bern. Wie spähete mein Auge nach diesem würdigen Manne, von dem ich aus einer brieflichen Mittheilung wußte, daß er nach Mannheim kommen würde. Kettiger führte ihn mir bei Tafel zu und unsere Begrüßung kam von Herzen. Glücklicher Weise saß er mir, wenn auch an einem andern Tische so gegenüber, daß ich ihm recht oft in das schöne Auge, das noch beredter als sein Mund ist, sehen konnte. Zwar klein von Gestalt, aber groß an Geist und reich an Gemüth neigt sich sein Kopf mit dem ausdrucksvollen einnehmenden Profil etwas nach links.

Aus dem genau geführten Verzeichniß der Mitglieder dieser

Lehrerversammlung ersehen wir mit besonderer Freude, wie außerordentlich sich Mannheims Einwohner an dem Lehrertage betheiligt haben: Männer, Jünglinge, Frauen und Jungfrauen. Von den mehr als 2000 Lehrern waren alle Arten und Klassen, Lehrer vom Universitäts-, Gymnasial-, Realschul-Katheder bis zum Kindergarten herab, Männer der Kanzel jeder Konfession mit niedern und höhern Titeln bekleidet, Regierungsbeamte, Aerzte, Juristen, Kameralisten, Techniker, Schauspieler, Directoren aller Arten, höhere und niedere Militärs bis zum General hinauf. Da saß der Bürger neben dem Grafen (z. B. v. Berlichingen), der Regierungsrath neben dem schlichten Spediteur u. s. w. —

Fast alle Länder waren vertreten, mehr oder weniger; die meisten waren aus Baden, Würtemberg, der Pfalz, Hessen, Nassau. Aus Rheinpreußen war nur eine geringe Anzahl erschienen, Lehrer ferner liegender Provinzen haben sich gar nicht betheiligt, ausgezeichnet an solcher Theilnahmlosigkeit steht Berlin da, die Metropole der Bildung. Schlesien hatte nur vier Vertreter. Aus dem Königreich Sachsen sind wol an dreißig dagewesen, unter denen drei aus Dresden, drei aus Leipzig, vier aus Chemnitz, einer aus Bautzen und einer aus Zittau, außerdem der Direktor der Freimaurer-Knabenschule in Dresden als Beauftragte der Orts-Schulbehörden erschienen waren. Auch von Wien aus waren nach Mannheim mehrere Kapacitäten beordert worden, traten jedoch nicht als Redner auf. Köhler war ausgeblieben und Kaiser war diesmal schweigsam. Das Ausland war ebenfalls vertreten. Das Verzeichniß beginnt als Nr. 1. mit einem Fräulein aus Petersburg; dann waren hier Saint Hilaire aus Petersburg, Stendmann, Lehrer von daher, Prof. Avenarius von daher, Dr. Wallin aus Gothenburg, Ranken, Gymnasial-Leiter aus Finnland, Kauph aus Christiania, ein Herr aus Aix in Frankreich.

Mehrere Vereine haben ihre Theilnahme durch telegraphische Depeschen und besondere Anschreiben darzuthun gesucht, so z. B. ein Lehrerverein in Lyon, der Lehrerverein in Königsberg u. A.

Der Federzeichner ist fern von der Einbildung, in diesem Bilde das Original auch nur annähernd getroffen zu haben; er bittet, die Zeichnung als eine Contur hinzunehmen und der Versicherung zu trauen, daß noch mehr als hundert Striche geeignet gewesen wären, das Bild zu vervollkommnen. Dem Vorwurf „der Ueberladung" war auszuweichen.

9. Die neunte Federzeichnung

wird ein sehr buntes Bild aus Mannheim liefern, denn die hier aufzuzeichnenden Gegenstände sind von sehr mannigfaltiger Art. Wenn an den Federstrichen die Genauigkeit vermißt werden sollte, so verschuldet das der Umstand, daß der Federzeichner nicht ein „Herr Ueberall" sein konnte. Man kann nicht in derselben Zeit im „**Ausstellungsgebäude**" u. s. w. sein, während das Ohr den Vorträgen in der **Trinitatiskirche** lauscht.

Was vor, während und nach den Hauptversammlungen in der Trinitatiskirche an wissenschaftlicher Ausbeute noch gewonnen werden konnte, das ist die Aufgabe dieser Federzeichnung, die als ein Gruppenbild zu betrachten sein wird.

1. Während der Hauptversammlungen war Privat=Vortrag des Herrn Dr. Hillardt aus Wien über die **stigmographische Lehrmethode** in Anwendung auf den Schreib=, Zeichen=, Rechen- und Musik=Unterricht anberaumt. Wir fanden daselbst eine bedeutende Zahl von Zuhörern, darunter Herrn Prof. Dr. Ziller aus Leipzig. Schulrath Dr. Schmidt aus Gotha u. A. Herr Hillardt ist durch sein Organ verhindert vor einer großen Versammlung verständlich zu sprechen. Der sehr freundliche und gutmüthige Herr ist von seinem Gegenstande begeistert. Es können, da die Darstellung auf äußerer Anschauung beruht, immer nur Einzelne an den Tisch treten, um auch genau zu sehen, was mit dem stigmographischen Apparate vorgenommen wird. Dennoch war der liebe Mann unermüdlich bereit, immer wieder von Neuem einer neuen Gruppe von Zuhörern dasselbe vorzuführen.

Die Stigmographie ist die Kunst, mittelst einer aus Wachsleinwand bestehenden mit regelmäßig von einander entfernten Punkten versehenen Tafel die Buchstaben, Ziffern, Figuren und Noten bilden zu lernen. Die Methode des Herrn Hillardt kann hier, ihrer Eigenthümlichkeit wegen, nicht in Kürze faßlich wiedergegeben werden. Die punktirte Tafel ist ein Hülfsmittel wie die Heckmannschen Netzunterlagen beim Schreiben. Einzelne Lehrer betrachten sie als verwerfliche Krücke. Recht eigenthümlich ist die Bildung unserer Ziffern an der stigmographischen Tafel. Der Apparat, eine von der Londoner Ausstellung prämiirte Erfindung des Herrn Hillardt, ist in seiner sinnreichen Construction ein vortreffliches Hülfsmittel zur Veranschaulichung des perspectivischen Zeichnens auf der Elementarstufe. Der Apparat nimmt, wenn er geschlossen ist, kaum den Raum einer in Folio=Format gedruckten Bibel ein; sein Inneres birgt eine Glastafel, ein Visirstäbchen, aus Pappe gefertigte Vorlagen, kleine Körper, die beliebig verändert werden können, einen kleinen Spiegel und Kreide.

2. Zu einer andern Zeit führte der originelle Herr Dr. Dürre aus Weinheim die Behandlung seiner „Ziffertafel", als Anschauungsmittel für den ersten Rechenunterricht vor. Die Ziffertafel ist schon vor mehreren Jahren erschienen, hat aber noch nicht die erwünschte Verbreitung gefunden. Leider konnte ich aus dem oben schon erwähnten Grunde nicht Augenzeuge der Behandlung sein; aber nach dem vielgeltenden Urtheil des durch und durch praktischen Dr. Meier aus Lübeck ist die Sache sehr sinnig ausgedacht, gewährt eine außerordentliche Erleichterung und sichert, gut ausgeführt, den erfreulichsten Erfolg.

3. Unter den Sonderverhandlungen und Vorführungen, die den Besuchern der allgem. deutschen Lehrer-Versammlung in Mannheim geboten wurden, ist vielen Mitgliedern der Besuch des „Kindergartens" von Herr L. Kuhn (ein lieber freundlicher Herr) ein hoher Genuß gewesen. Eine bedeckte, mit reichem Sand bestreute Halle, auch mit Geräthen für kindliche Turnübungen versehen, nahm etwa 30, drei- bis fünfjährige Knaben und Mädchen auf. Nach halb drei Uhr erschien Se. Königl. Hoheit der Großherzog, direkt aus der Trinitatiskirche kommend. Die zahlreich versammelten Frauen und fremden Lehrer begrüßten ihn begeistert, ebenso die Kinder. Nach kurzer Ansprache nahm Herr Schneider, Vorsteher einer Unterrichts-Anstalt in Frankfurt eine Prüfung vor. Verschiedene Uebungen nach Art des Friedr. Fröbel'schen Kindergartens mit den Bauhölzchen, Spielball u. s. w. machte er vor, die Kinder ahmten sie nach, begleitet von leichten Gesängen. Hierauf folgten verschiedene gemeinschaftliche Körperübungen, und den Schluß machten Turnübungen im Schwingen, Klettern und Schaukeln. Obgleich Kinder und Lehrer nicht zusammengewöhnt waren, machten die Kinder doch das Meiste überraschend schön und gaben hiedurch Zeugniß von den vielfachen zweckmäßigen Uebungen des Herrn Kuhn und seiner Gehülfen und Gehülfinnen. — Länger als eine Stunde, die den Anwesenden freilich nur kurz däuchte, hatte Se. königl. Hoheit zugehört und zugesehen und war sichtlich erfreut über die Natürlichkeit geistiger wie leiblicher Gewandtheit der Kinder. Schöne anerkennende Worte an Herrn Kuhn und Schneider gerichtet, bezeugten dies. Mit begeistertem „Hoch"! sah der große Kreis der Erwachsenen den hohen volks- und kinderfreundlichen Fürsten scheiden, der durch seine heutige Theilnahme an der Hauptversammlung, den Besuch der Lehrmittel-Ausstellung und des Kindergartens die Herzen aller derer

eroberte, die für die Erziehung der Jugend wirken oder Herz und Sinn dafür haben. Heil der Schule, wo der Landesvater solches Interesse bekundet!

4. Ueber die Lehrmittel-Ausstellung in der Aula liefert der Mannheimer Anzeiger in kurzer Darstellung eine Schilderung von der reichen und sinnigen Einrichtung derselben. Vor Allem gebührt wol denjenigen Herren des Ausstellungscomitees, welchen die specielle Sorge der Anordnung oblag, der innigste Dank der Besucher für die Herstellung so vieles Schönen in so kurzer Zeit, und was uns anbelangt, wir können in Wahrheit sagen, daß uns ein zweistündiger Aufenthalt in dem festlich geschmückten Raume außerordentlich zufrieden gestellt hat. Was die Werke in Buchform anbetrifft, so haben wir eine reiche Stufenfolge von der ersten Kinderfibel an bis zu den größten wissenschaftlichen Werken; dann von Wandtafeln von solchen für den ersten Anschauungsunterricht bis zu den größten Erd- und Himmelskarten aus den verschiedensten Anstalten. Es würde uns zu weit führen, die ganze Menge des zu Schauenden nur irgend detailliren zu wollen; wir verweisen daher auf den erschienenen Catalog und begnügen uns damit, das Vorzüglichste namhaft zu machen. Hierin wird nun die Aufmerksamkeit wol hauptsächlich auf die kostbaren Naturselbstdrucke und Farbendrucke der k. k. Staatsdruckerei in Wien geleitet, welche mit Muße betrachten zu können, die Einrichtung getroffen ist, sowie auf das prachtvolle Kupferwerk: „Deutschlands Geschichte in fünfzehn Bildern" aus der Perthes'schen Verlagshandlung in Gotha. Auch bei den sehr sauber gearbeiteten calligraphischen Tafeln des Herrn Schwabenland und des leider nunmehr verewigten Herrn Heckmann muß man einige Zeit verweilen, um die Leistungen der Schreibkunst zu bewundern, wie auch die Reliefkarten von Baden in verschiedenem Maßstabe (von Hrn. Leiß) von großem Kunstfleiße zeigen. — Gehen wir nun zu den Gewerbschul-Arbeiten über, denen ein besonderer Platz angewiesen ist, so fallen wol die von Saarbrücken ausgestellten Gegenstände besonders ins Auge, dann die von Furtwangen, sowie endlich die schönen Metall-Modelle der hiesigen Gewerbschule. Es bietet sich also für den Beschauer viel des Schönen dar, und möge man ja nicht glauben, daß die Ausstellung nur für die geehrten Lehrer interessant sei; jeder Gebildete vermag sich eine Stunde nützlich zu unterhalten. — Daß auch von Sr. K. H. dem Großherzoge die Ausstellung des Besuchs gewürdigt worden ist, diese Nachricht darf dieser Federzeichnung nicht vorenthalten werden. Alles und Jedes war Gegenstand Seiner Aufmerksam-

keit. Einzelnen z. B. Herrn Lüben ward die hohe Ehre zu Theil, dem Großherzog vorgestellt und von Sr. K. H. veranlaßt zu werden, sich über Eines oder das Andere auszusprechen. Die große Wohlfeilheit der von der Wiener Staatsbuchhandlung gelieferten und in die Ausstellung geschickten Schulbücher erregte das Befremden und Bedenken des Großherzogs, und als L. sein Urtheil zu Ungunsten jener Unternehmung abgab, und dabei hervorhob, daß die hier ausgestellten Wiener Schulbücher die Richtigkeit seines Urtheils bezeugten, äußerte der Großherzog huldvoll: „Sie haben Recht." — Dem Fortschritt in der Schulbücher=Literatur ist dadurch eine Hemmkette angehängt, meinte L. sehr richtig.

5. Herr Dr. Meier in Lübeck steht in dem Rufe, ein sinnreicher Erfinder von Hülfsmitteln für den Unterricht zu sein. Seine Anstalt soll ein Muster in ihrer äußeren Einrichtung sein und einem Schmuckkästchen gleichen. Alles — bis aufs Kleinste — soll das Gepräge der Originalität an sich tragen und ein Zeugniß von dem nie rastenden Geiste des trefflichen Mannes sein. Nach Mannheim hatte er eine Menge neuer Geräthe gebracht oder gesendet, über deren Zweck und Gebrauch er in einer besonders anberaumten Stunde einen instructiven Vortrag hielt.

6. Es waren noch folgende Vorträge angekündigt: 1) im Casino über die Frage: „Wie sind die Gefängnisse zu entvölkern?" von Seelig. 2) im Lyceumssaal: „über Anschauungsmittel für den Geschichts= und Geographie=Unterricht mit Vorzeigung der Hülfsmittel" von Dr. Oppel aus Frankfurt. Ich konnte mich von Ansprüchen anderwärts nicht losreißen und mußte auf diese gewiß anziehenden Vorträge verzichten. Auch ins Theater bin ich nicht gekommen. Bekanntlich ist das Theatergebäude in Mannheim eines der schönsten in Süddeutschland.

10. Die zehnte Federzeichnung.

Die vorangegangenen Federzeichnungen haben möglichst treue Bilder von der geistigen Thätigkeit der tagenden Mitglieder der allgemeinen deutschen Lehrerversammlung geliefert; die nun folgende zehnte will Zeugniß davon geben, daß sie auch dem materiellen Leben derselben, trotz der Feindschaft gegen den Materialismus, Rechnung zu tragen verstanden haben. Dazu hat das treffliche Mannheim in zuvorkommendster Weise seine Hand geboten. Freilich vermochte es seinen „lieben Gästen" nicht eine Tafel anzuweisen, an welcher sämmtliche 3000 gemeinschaftlich Platz gefunden hätten; aber eine Vertheilung in mehrere Festmahl=Genossenschaften war organisirt und die Theilnahme an dieser Organisation natürlich freigestellt. Wer also nicht im „Badener Hofe" tafelte, der hatte im „Europäischen Hofe" einen Platz gefunden; und wer in den beiden genannten Höfen nicht Unterkommen fand, dem wurden gern im „König von Portugal," oder im „Nassauer Hofe," oder im „Casino," oder im „Neckarthal," oder im „Gelben Kreuz," oder in „zum Stern" am Theater, oder im „Silbernen Anker," oder in der „Theater=Restauration," oder im „Schwarzen Lamm," oder „im Hirsch" servirt und hier gern, sehr gern gesehen. Für Viele war in Familien der Tisch gedeckt. Und wenn die materiellen Genüsse auch nicht den geistigen Gaben in der Trinitatiskirche gleich zu achten sind; so waren sie doch köstlich — weil magenstärkend — gewesen und haben auch ein gut Theil zur Erwärmung, Erheiterung, Näherführung, Beglückung der Herzen, die jedem zu beliebigem Einzuge und Besitznahme eines Platzes in denselben geöffnet waren, beigetragen. Also: „Jedem das Seine" auf den Sitzen in der Trinitatiskirche sowol wie auf den Plätzen an den Mittags= (richtiger Nachmittags=) Tafeln! In welch peinvolle Lage aber findet sich der Federzeichner versetzt. Er — ein Feind der Einseitigkeit — sieht sich diesmal zur Einseitigkeit in seiner Zeichnung verdammt. Wie gern hätte er sich die Anschauung verschafft, wie sich die lieben Collegen außer dem Badener=Hofe zu restauriren suchen, wenn sich sein leider nur unvollständig organisirter und ausgebildeter mathematischer Kopf in dem Labyrinth der Mannheimer 175 Quadrate leichter zurecht gefunden und er von der Sorge um seine äußerliche und innerliche Befriedigung an der Tafel im „Badener Hofe" nicht festgehalten worden wäre. Aus den Schilderungen der Festgenossen und der heitern Stimmung derselben nach dem Festmahle zu schließen, hat es nirgends an dem Humor gefehlt, der nicht auch den Ernst des ernstgestimmtesten Schulmeisters in beglückende Heiterkeit umgestimmt hätte. Das liebenswürdige Mannheim hat seine Liebenswürdigkeit gegen seine Gäste bis zu einem Grade gesteigert, daß der Federzeichner für ein zutreffendes Bild noch nicht die dazu geeignete Bleifeder gefunden hat. Die guten Mannheimer haben gewußt, wie es mit den Finanzen auch des gut dotirten Lehrers stehe und haben in zarter Erwägung derselben mehr gethan als erwartet werden durfte; es fehlte nicht nur nicht an kräftigem Derben, sondern auch nicht an aufheiterndem Flüssigen als unentgeldliche Beigabe. — Ueberall erklangen die Gläser und begegneten sich in fast gefährlicher Weise zunächst auf den hohen und höchsten Gast in der Trinitatiskirche — dem fürstlich gesinnten Lehrerfreund. Ja für solch einen Fürsten die Jugend zu be=

geistern kann einem badenschen Lehrer nicht schwer fallen, er weiß ja, sein Herz ist auch in das Herz seines Fürsten, dem „Vater" der Landeskinder eingeschlossen — sein Großherzog lebt in ihm als ein großer Herz=Eroberer, von dem jenes Wort eines deutschen Dichters: der Gott, der Eisen wachsen ließ, der wollte keine Knechte!" auf ihn volle Anwendung findet. Es bedarf nur der Erwähnung, daß in beiden großen Festmahlen überall ein sinnreicher Toast dem anderen folgte, als auf die gute Stadt Mannheim mit ihren liberalen Behörden, auf das musterhaft thätige Lokal-Comitee mit seinem Präses an der Spitze, auf den „Badenschen Oberschulrath" insgesammt und dessen hervorragende Mitglieder, auf den strahlenden Präsidenten des „Lehrertages," auf den unersetzlichen Präses des „Ausschusses," auf den glücklichen Ersinner der schönen Mitgliederschleifen u. s. w., u. s. w. Ueberall ertönten Toaste in den Gesellschaften auf Männer ihres Herzens, unter anderen auf den bewährten lieben Diesterweg, „den Pädagogen von Gottes Gnaden," wie der geistreiche Hamburger Pfingstwanderer hinzusetzte, ein Toast, der sofort nach Berlin telegraphirt wurde, von wo eine pikante Antwort am andern Tage zurückkam, welche die Stationen seines Lebens in den bloßen Angaben der Ortsnamen von Siegen aus bis Berlin enthielt, und die mit den Worten schließt: Berlin — „ausrangirt."

Wiewohl mehrere Toaste ihres speciellen Inhaltes wegen mittheilenswürdig sind, so ist dem Federzeichner doch keiner so zugänglicher gewesen, als der des Herrn Schulrath Dr. Schmidt aus Gotha, der dieser Federzeichnung ein schönes Colorit zu geben geeignet ist. Herr Schm. sprach:

„Der Weise, zu dem im grauen Alterthum die Königin von Saba wallfahrtete, um von seinen tiefsinnigen Sprüchen und Predigten zu hören, hat gesagt: Besser Zwei als Einer. Und in Wahrheit: es ist salamonische Weisheit in diesen Worten, — eine Wahrheit, die so tief in der Natur des menschlichen Wesens liegt, daß sie dieses menschliche Wesen selbst ausmacht und im innersten Grunde des Menschen ihre Bestätigung findet.· „Besser Zwei als Einer": was erfahren wir denn anderes, als die Wahrheit dieses Wortes, wenn wir das Wunder der Liebe mit unseren Geliebten durchleben und im Geheimniß der Liebe das Geheimniß des göttlichen Lebens fühlen? „Besser Zwei als Einer": wer hätte das noch nicht empfunden, wenn die Hand der Freundschaft einschlägt in die Freundschaftshand, und wenn man dann in diesem Bunde erst alle wahren Güter des Lebens gesellet und geadelt findet, — in der Freundschaft, der Seelensprache und Himmelsharmonie unter gottverwandten Menschen? Auf dem Worte: „Besser Zwei als Einer" gründen alle Grundpfeiler der menschlichen Gesellschaft, die Familie wie der Staat, die nicht von den Menschen erfunden, sondern mit der Menschheit gewachsen sind, weil sie instinktmäßig von der Wahrheit getragen ward: „Besser Zwei als Einer." — Welche Zeit aber hätte tiefer die Wahrheit des Wortes „Besser Zwei als Einer" erprobt und bewährt gefunden, denn die unsere? Mehr und mehr schwinden gegenwärtig die Scheidewände, welche Aberglaube und Unglaube, Rohheit und Barbarei früherer Jahrhunderte zwischen Individuen und Individuen, zwischen Völkern und Völkern aufgerichtet. Der Einzelne reicht jetzt dem Bilde seines Gleichen Wort und That zum Austausch hin und fühlt sich erst im Andern stark, denn er hat die Wahrheit erkannt: „Besser Zwei als Einer" Nationen und Nationen bieten sich jetzt die Bruderhand und nähren sich gegenseitig von den Errungenschaften ihrer Hände und ihrer Geister, denn sie sind von der Wahrheit überzeugt: „Besser Zwei als Einer." — Und mehr noch. Man hat unsere Zeit die Zeit der Vereine genannt. Und sie ist es in Wahrheit. Nicht Einzelne, — Gesellschaften sind es, welche draußen die eisernen Straßen erbauten um mittelst ihrer mit dem Leibe den Geist auf Sturmesflügeln von Land zu Land fliegen zu lassen. Nicht Einzelne, — — in Genossenschaften hat man sich geschaart, um dem Geiste ewige Treue zu schwören in den bösen Zeiten, um die Freiheit über die Knechtschaft, die Wahrhaftigkeit über den Schein und über die Lüge siegen zu machen. Unsere Zeit hat sie erkannt, die Wahrheit: „Besser Zwei als Einer." Sie weiß es: Zersplitterte Kraft ist keine Kraft, aber vereinte Kraft, — sie schafft! Bezeugen das nicht alle die großen industriellen Unternehmungen der Neuzeit, die auf Theilung und auf Gemeinschaft der Arbeit zugleich gebaut sind? Und ist nicht der vollgültigste Beweis davon die Versammlung, die heute uns hier vereint, — die „allgemeine deutsche Lehrerversammlung"? „Besser Zwei als Einer!" Mit dieser Devise verkündet sie uns in diesen Festtagen durch Wort und That, daß Einheit und Einigkeit stark macht, — thut sie uns den Segen des gemeinschaftlichen Lebens von Neuem dar, — zeigt sie uns, daß Gemeinschaft unsere Kraft übt, unsern Muth stärkt, unsern Geist nährt, unser Dasein erweitert. Und darum denn, weil's besser ist Zwei als Einer, — und weil wir trotz der verschiedenen kleinen Vaterländer dem Einen großen deutschen Vaterlande gehören, und trotz der verschiedenen confessionellen religiösen Richtungen der Einen Religion der Liebe dienen, und trotz der verschiedenen Schulen, in denen wir wirken, die Eine deutschnationale Pädagogik verkünden: — — — es lebe fort und fort die Einheit und Einigkeit, die Freundschaft und Liebe unter den deutschen Lehrern!" —

Wie dieser Toast die Geister neckte, so weckte er sie auch und reizte zu ähnlichen Gemüthsäußerungen. Nach dem Gesetz der Ansteckung, von dem Schm. ein großer Freund ist, betrat bald darauf einer die Toast-Bühne und erging sich in folgender Weise:

Es ist von mir und für mich ein Wagniß, jetzt diesen Platz zu betreten. Aber ich sage mit Hutten: „ich hab's gewagt." — Als Schulmann ist mir das Unterrichtsgesetz: „vom Nahen zum Entfernten!" so zu sagen in die Glieder geschrieben oder zum eingefleischten Eigenthum und zur Richtschnur geworden. Dieses Gesetz ist auch jetzt mein Begleiter auf diesen Platz. Ich ziehe ihm aber eine noch engere Grenze, wenn ich es so formulire: „Gehe vom Nächsten zum Entfernteren über!" Und da ich mir selbst der Nächste bin, so muß ich von mir selbst ausgehen. — Ich habe nämlich auf dieser Lehrerversammlung manches Ergötzliche erlebt. Hören Sie! Man hat mich unter Anderem mit dem Prädikat: „Unser Rechen-Scholz!" begrüßt. Ob mir das zum Lobe gereicht, will ich nicht gerade in Zweifel stellen; ich will es als solches ansehen und hinnehmen. Weiter! Andere erzählten mir, daß eine Reisegesellschaft, aus Lehrern bestehend, vor Jahren eine gemeinschaftliche Reise-Kasse eingerichtet und einen Kassenverwalter aus ihrer Mitte erwählt halten. Bei der Rechnungslegung wäre an die Mitglieder die Aufforderung mit dem Ausrufe ergangen: "Wir wollen nun scholzen." (Sollte ein Lexograph unter uns sein, so wird er uns wol sagen, ob dieses Zeitwort in seinem Lexikon steht.) Noch spaßiger aber erschien es mir, daß man jenem Rendanten die Warnung gab: sich nicht etwa zu "verscholzen." (Freund Wander mag sich das für sein Sprichwörter-Lexikon notiren, vielleicht gelangt das Wort zu seiner Würde, wie das über das "Verballhornen.") Lassen Sie mich nun zum Entfernteren fort schreiten! Sie wissen, daß viele Zahlen eine symbolische Bedeutung haben. Sie kennen diese Zahlen; aber ich hebe nur eine hervor; und das ist die **Sieben**. Fürchten Sie nicht, daß ich die Liebenswürdigen unter uns dort damit anzustechen beabsichtige. Das sind keine "bösen Sieben." Wir wären — ich selbst wäre — sonst gewiß nicht hier. Meine "symbolische" **Sieben** ist weit her. Sie sehen ich bin bei dem Entfernteren — meinem Grundsatz gemäß, angelangt. Ich meine nicht die sieben Göttinger verfassungstreuen fortgejagten Universitätsprofessoren, sondern jene sieben Männer, die aus dem Lande, wo eigentlich der Pädagoge von Gottes Gnade gelebt, gestrebt, gestritten und gelitten hat, hieher zu uns gekommen sind: die sieben Schulmänner aus der **Schweiz**: die Herren **Fröhlich, Kettiger, Zschetsche, Dula, Fries** und noch die beiden andern, deren Namen mir nicht gegenwärtig sind; nicht wahr, die heißen wir brüderlich **willkommen** und widmen ihnen ein frisches **Hoch**! Lebet Hoch, ihr braven Schweizer! (Allgemeine lebhafte Bewegung unter den Festgenossen!) Die Zunge der Schweizer war nun gelöst; es traten zwei derselben auf, und hielten energische Reden im Geiste der freien Schweiz. Einer gab eine interessante Erzählung im Schweizer-Dialect, ein Anderer allemanisirte ergötzlich. Ein belgischer Schulmann, eine liebe Persönlichkeit, hielt eine herzliche Ansprache in gutem **Deutsch**. — Auch mein lieber Landsmann W. erheiterte die Festirenden durch einen pikanten, senfartigen, gepfefferten Toast, überhaupt war W. hier in seinem Element. Wie vertraulich und glückselig war er in der Gesellschaft eines ihm persönlich unbekannten **Sprichwörter-Helden** aus Auweiler (in der Pfalz) Herrn **Franke**.

Wie viel des Herrlichen könnte ich hier noch in die Federzeichnung aufnehmen, aber — es geht nicht. —

Wir befinden uns nun in dem Mannheimer "Löwenkeller", einem großartigen Etablissement, wo sich uns eine neue Welt darbot. Der "Löwenkeller" ist besser, als sein Name ("Ruf"). Die Zuströmung war enorm (es sollen sich an 5000 Menschen hier eingefunden haben) Ungebetene Gäste fern zu halten, hatte man treffliche Jünglinge im Turnergewande — Schröder'sche Schüler — postirt, die in liebenswürdiger Freundlichkeit — wie ihr Herr und Meister — sich zu Führern in den weiten Räumen erboten. Uns führte das Glück in die Nähe der Sängertribüne, dem Ende entgegengesetzt war ein Doppel=Musikchor aufgestellt. Die hiesigen Männergesangvereine trugen abwechselnd durch ihre vortrefflichen und gut gewählten Gesammt= und Specialchöre, die mit den Productionen der Infanteriemusik abwechselten, nicht wenig zum Gelingen des Festes bei. Dazwischen wurden Feuerwerke abgebrannt, bengalische Flammen entzündet, Reden gehalten: kurz es war ein

Volksfest in seiner wahrsten Bedeutung und Vollkommenheit. Von den Rednern erwähnte ich schon oben den Präsidenten der Badenschen Oberschulrathsbehörde Herrn Dr. Knies — ein schöner, in kräftigstem Lebensalter stehender Mann; in würdevollem Ernst sprach er von der Rednerbühne köstliche, jedes Lehrerherz erfrischende Worte. „Er sei auch ein Lehrer," sagte er, „gehöre dem Lehrerstande an und rechne es sich zur Ehre demselben anzugehören; ihm seien die Freuden und Leiden dieses Berufes sehr wohl bekannt; er wisse, in welch gedrückter Lage sich noch gar viele befänden, und er wisse es nicht blos, er fühle es mit ihnen; aber wir leben in einem Lande, das von einem Fürsten regiert wird, dem die Hebung des Lehrstandes am Herzen liege, und hinter ihm und über uns stehe ein Roggenbach, der die Stütze der Oberschulrathsbehörde — seiner Schöpfung, ist und der dem Lehrstande zu der Freiheit verhelfen werde, ohne die kein freudiges Wirken möglich und kein Gedeihen der Schule zu hoffen ist. Was er in seiner Stellung für die Lehrer zu thun im Stande sei, werde er sicher nicht unterlassen. Er ergreife das Glas und rufe den Lehrern und dem gesammten Lehrerstande ein dreifaches Hoch aus." — So etwa sprach Herr Knies. Der prächtige Mann verstand es sich in die Herzen der Lehrer zu bringen uud darin festzusetzen. Seine Rede wurde fast bei jedem Satze durch Bravo's und Händeklatschen unterbrochen.

Dr. Lange aus Hamburg beantwortete die Rede in seiner originellen Weise (ich hörte den Ausdruck „famose Kerel" diese Badenschen Oberschulräthe.!) Vor Herrn Knies hatte Herr Stadtpfarrer Schellenberg sehr beredt und sehr schön über den Ursprung und die Bedeutung des Namens Mannheim gesprochen und den Ort als die Heimath der Mannen charakterisirt. Zwei Redner, Jäkel aus Dresden und ein Schulmann aus der bayrischen Pfalz waren ganz hingerissen, enthusiasmirt von den Leistungen der Männergesangchöre, insbesondere wurde der Bayer aus der Pfalz überwältigt von den Gefühlen, die sein Herz bewegten und durchglühten; er sprach mit solcher Erregtheit, daß Einem für das Leben des Mannes bangte. — Auf dem entgegengesetzten Ende sind ebenfalls Reden gehalten worden, z. B. von Dr. Riecke, Oberschulrath Deimling, Prof. Fickler, Gemeinderath Löwenhaupt; aus dem Bravoruf und Händeklatschen zu schließen, war mit großem Beifall gesprochen worden. Der Löwenkeller sah viele seiner Gäste bis tief in die Nacht in seinen Räumen.

An einem der Abende waren die geräumigen Säle des „Badner Hofes" zu einer geselligen Zusammenkunft geöffnet. Auch hier war der Grundton die „Gemüthlichkeit" beim Seidel Bier. Hier näherten und erschlossen sich Vieler Herzen — wahrlich ein beglückender Abend. — Wie könnte die Feder Alles sagen! —

Ein heller Lichtpunkt in den Vergnügungen der Mitglieder der Lehrerversammlung war eine gemeinschaftliche Fahrt nach Heidelberg. Eine Mannheimer Feder wolle diese Federzeichnung verschönern.

"Wahrhaft großartig war das Gedränge der in dichten Schaaren im Bahnhof einherwandelnden Menschenmenge, die nur des Augenblicks harrte, da der Aufseher sein "Nach Heidelberg" ertönen ließ. Es mochten nahezu 2000 Personen gewesen sein, die sich in die bereit stehenden Wagen (etwa 50 an der Zahl) vertheilten und sich glücklich priesen, einen Platz gefunden zu haben. Unter verschiedenen aus einzelnen Wagen erschallenden Gesängen langte die Versammlung kurz vor vier Uhr in der nachbarlichen Musenstadt an und begab sich durch die an einzelnen Stellen mit Fahnen geschmückten Straßen aufs Schloß und nach der Molkenkur. An beiden Orten spielte die Musik, versteht sich gegen Eintrittsgeld, und jeder Lusttragende konnte alle Sehenswürdigkeiten, die Heidelberg bot, versteht sich gegen die übliche Contribution, in Augenschein nehmen. Der Spaziergang jedoch, sowie der Genuß der Gegend war frei von jedem Tribut, so daß man unbehelligt und ohne Kostenaufwand "Natur kneipen" konnte nach Herzenslust. — Welch buntes Wogen und Treiben auf dem Schlosse herrschte, davon läßt sich eine auch nur annähernd getreue Beschreibung nicht wohl geben Solche Erscheinungen müssen selbst beobachtet und nicht aus den Schilderungen Anderer entnommen werden Die Musik spielte abwechselnd, dazwischen wurden Ansprachen und Toaste gehalten, bei welchen alle Anwesenden auch die entfernter Sitzenden, in das "Bravo" und "Hoch," das aus der Umgebung des Sprechers erscholl, pflichtschuldigst einstimmten. Der ganze Ton, der in der Versammlung herrschte und der Geist, der dieselbe beseelte, war ein freier und edler und herzlicher. Man war sich nicht mehr fremd, man kannte sich ja schon seit zwei Tagen, und die gemeinschaftliche Fahrt, so wie der Körper und Geist anregende Genuß knüpfte das Band der Freundschaft und Zusammengehörigkeit noch enger zusammen Jedermann fühlte sich behaglich in diesem Kreise, und bald war der Mißmuth verschwunden, der bei der Ankunft in Heideberg einzelne Gemüther überzog, da von Empfang und Führung durch die Stadt zwar die Rede, aber keine Spur einer Verwirklichung ersichtlich war, so daß einer dem Andern instinktmäßig durch die Straße nachfolgen mußte. Leider war die Zeit, die für den Aufenthalt bestimmt war, zu kurz zugemessen, da schon um 9 Uhr unsere Gäste sich von Heidelberg entfernen mußten. Unter Musik-Begleitung zogen die Heimkehrenden durch die Straßen an den Bahnhof und wurden hier mit verschiedenen Hoch rufen von der dicht gedrängten Volksmenge empfangen.*) Der jüngere Theil der Gesellschaft stimmte, indessen die Wagen hergerichtet wurden, „das Bundeslied" und Arndt's „deutsches Vaterland" an und ließ sich auch während der Rückfahrt den edlen Genuß dieses Gesanges nicht rauben. Gegen zehn Uhr langte man wieder hier an, doch nicht mehr in derselben Anzahl, da sehr viele Festtheilnehmer den nach Karlsruhe und ins badische Oberland gehenden Bahnzug zur Heimreise benützt haben. Mit diesem Ausflug hat das Festprogramm seinen Abschluß erhalten.

Der frohe Morgen weckte uns wieder und lud uns — zur Arbeit? — nein, — zur Abreise ein. Ein Gefühl, das sich durch keine Federzeichnung darstellen läßt, versetzte uns fast in eine wehmütige Stimmung. „Scheiden thut weh!" ja, und von Mannheim und dem glücklichen Baden. Wie mir aus der Seele gesprochen, singt Dr. Rammshorn in Leipzig in seinem Liede an Mannheim:

> „So theure Stadt, in dem Geschmeide
> Des schönen Baden-Landes der Smaragd,
> Hast Du in Tagen ernster Geistesfreude
> Der Liebe höchste Opfer dargebracht;
> Laß Dich darum noch einmal innig grüßen
> Und dieses Blatt Dir legen zu den Füßen."

Nach einer Verabredung mit den Freunden: Schulze, Lüben, Clemen, Janson, Hoffmann fanden wir uns rechtzeitig auf dem Bahnhofe nach Mainz ein, bestiegen von hier aus das Dampfboot und fuhren bis nach Bingen, wo wir eine Partie nach dem reizenden „Niederwald" auf dem rechten Rheinufer machten, übernachteten in Bingen und setzten dann unsere Reise nach Köln fort, besuchten hier den Dom, weilten in dem Erstaunen erregenden Bau, und verabschiedeten uns dann von Schulze und Clemen, die sich von uns trennten und nach Neuwied zurückfuhren. Unsere Gesellschaft war bis auf Lüben geschmolzen, denn Hoffmann und Janson hatten uns schon in Bingen verlassen. Wir beschlossen in Köln zu übernachten und in den zoologischen Garten, der zu den größten, schönsten gehört, zu gehen. Wir waren überrascht von den vielen Sehenswürdigkeiten, über die hier etwas sagen zu wollen, so viel heißen würde, als — Nichts sagen. In Köln nahmen wir von Lüben Abschied. Wir haben den Rhein gesehen, haben uns von ihm tragen und wiegen lassen.

---

*) Der Lübecker Dr. Meier hat sich auch hier in seiner ganzen Trefflichkeit gezeigt. Er war wie Hoffmann in der Trinitatiskirche der liebevolle und liebenswürdige Tyrann der Gesellschaft auf dem Heidelberger Schloßberge. Ihm ist die sinnige Anordnung des imposanten Festzuges vom Schloßberge durch die Stadt zu danken.

„O Rhein! der deutschen Ströme König!
Des freien Deutschlands edler Hort!
Von Liederstimmen tausendtönig
Umklungen, von der Dichter Wort!
Du Preis all' unsrer Volksgeschlechter —
Du selbst, o Rhein, bist ein Gedicht!
Bist Deutschlands alter Grenzenwächter,
Doch deutschen Landes Grenze nicht!" (Steinharb.)

 Die schönen Stunden, die wir noch mit Lüben in Köln in so traulichem Dreigespräch verlebten, werden uns nimmer aus dem Gedächtniß und Herzen schwinden. —
 Die Fahrt über Kassel, Gießen u. s. w. nach Gotha war höchst langweilig. In Gotha kamen wir in der Nacht um 3 Uhr an, machten unserm lieben Schmidt um 7½ Uhr einen Morgenbesuch, setzten dann von hier aus über Leipzig, Dresden, Görlitz die Heimreise nach Breslau fort, wo wir wohlbehalten eine Stunde vor Beginn der Schulstunden eintrafen.

Frisch stehe ich nun wieder in meinem Jugendgarten und ergötze mich an den grünenden, knospenden, blühenden und Früchte ansetzenden jungen Menschenpflanzen.

Frei fühle ich mich von jenen mißmuthigen, den Geist in seiner Thätigkeit lähmenden Gedanken, die einem gedeihlichen Wirken hinderlich sind.

Fromm blicke ich auf den Gnadenspender hin und gelobe Ihm ein treuer Haushalter der mir verliehenen Gnaden und Gaben zu sein, bis das Herz still steht und der letzte Athemzug eingetreten ist.

Froh gehe ich den Tagen entgegen, die da kommen werden, sie mögen mir des Erfreulichen oder Schmerzlichen wenig oder viel bieten.

 „**Alles kommt von Gott**" und „**wir leben nicht für diese kurze Zeit allein.**"

Bitte.

Es sind auf den vorliegenden Bogen mehrere Fehler stehen geblieben, die ich zu berichtigen bitte. Wo ein Komma zu wenig oder zu viel ist, wo ein e, n, en fehlt oder überflüßig ist, das wird man wol als Korrekturfehler gelten lassen. Auch daß ich Galiläi, Anthropologie, anthropologisch richtig schreiben kann, wenn sie gleich nicht richtig gedruckt worden sind, wird man mir wol glauben. Aber daß auf S. 9 Z. 12 v. o. „entgegenkommenden" statt „entkommenden", S. 28 Z. 6 v. u. „vornehmtbuendes" statt „vornehmes", S. 42 Z. 7 v. o. „genüge" statt „ginge" stehen sollte, daß ferner S. 15 Z. 3 v. u. das erste Wort „nicht," und S. 29 Z. 15 v. o. die Wörter „in welcher er" und das Komma vorher, ferner S. 38 Z. 18 v. o. „Präludium" statt „Präsidium" stehen geblieben: das ist meine Schuld. —

Druck von H. Lindner in Breslau.